非認知能力を育てる

「しつけない」しつけのレシピ

0歳〜5歳児の
生活習慣が身につく

大豆生田 啓友
大豆生田 千夏

kokoro
library
講談社

JN050640

　私は乳幼児教育・保育と子育て支援を専門としています。講演会や子育て関連のテレビ番組、インターネット上のサイトなどにたずさわっており、そういった場で、長年、子育て中の親御さんたちの困りごと・悩みごとを耳にしてきました。食事の好き嫌いや生活習慣、きょうだい関係、友だち関係、個性など、親御さんたちの悩みはたくさんありますが、中でももっとも多いのは、「子どものわがまま、どこまで受け入れればいいの？」「子どものイヤイヤに手がつけられない」といった、「しつけ」に関する悩みです。

　本書は、親御さんにとってはなかなか難しい「しつけ」について、いま話題の「非認知能力」という観点も踏まえながら、具体的に考えていきたいと思います。子育てをしていると、つい、目に見える「できる」ことにとらわれて焦りを感じてしまいがちです。けれども、本当は、目に見えにくい子どもの「心」や「社会性」に着目することが大事なのです。例えば「自己肯定感」と言われる自分自身を大事に思う気持ちや、うまくいかなくても自分の気持ちを切り替えようとコントロールできる力のことです。もしかすると、それは、これまで考えていた「しつけ」というイメージとは少し違っているかもしれません。

「非認知能力」とは、簡単に言えば、読み・書き・計算などの目に見えやすい「認知的能力」ではなく、心や社会性とも言えるものです。「社会情動的スキル」とも言われ、自分を大事に思えることや、他者への思いやり、やりぬく力、自分の気持ちをコントロールできる能力とも言われています。この非認知能力が注目された背景には、幼児期の非認知能力の育ちが将来の成功やハピネス（幸福）につながる可能性があることが、

さまざまな研究によって明らかになってきたことがあるのです。

「非認知能力」などと言うと、何か特別なトレーニングやしつけをして育てる力のように思われがちですが、そうではありません。「非認知能力」は、何気ない日々の子育ての中で育つものです。子どもに愛情を持って育て、毎日、ごはんを食べさせたり、歯磨きや着替えをさせたり、楽しく遊ぶことを大事にしたりするなど、日々の当たり前の生活の中で自然と育つものだとも言えます。あまり、特別なことと考える必要はないのです。

つまり、本書をお読みのみなさんが、日々の子育てですでにやっていることの中に大切なことがあるのです。お会いする親御さんたちの多くは、子どものために工夫の連続、大変さの中での限界突破の連続、新たな試練の連続の中にあります。そんな中で、子どもと向き合おうという姿勢に、「非認知能力」を育むために重要なしつけ的なものがあるのだと思います。大事なかかわりは、すでに、悪戦苦闘しているみなさんの毎日にあるのです。

この本は、「わからない人」「できない人」に「正しいしつけ」のやり方を教える本ではありません。当たり前にやっている、うまくいかないと思っていたことが、子どものしつけにつながり、育てているかを確認する本となればよいと願っています。

第1部は、近年のさまざまな研究の成果も踏まえたしつけや非認知能力に関する理論編です。第2部では、イラストをたくさん入れて、よくある具体的な悩みに対して、先輩ママの声も取り入れながらアイデアを示しています。できるだけ、わかりやすく、どこから読んでもよいように構成しました。少しでも、みなさんのお役に立てれば、幸いです。

もく

第1部 | 非認知能力を育てる「しつけない」しつけとは?

赤ちゃんには道徳心がある?

第2部 非認知能力を育てる「しつけない」しつけのレシピ

「しつけない」しつけ① 「生活の基本」編

基本は「生活リズム」── でも無理せずに ── 34

「しつけない」しつけ② 「人とのかかわり」編

「しつけない」しつけ ③ 「育ちと学び」編

この本の使い方

●この本は長年、乳幼児の教育・保育や子育て支援の現場にたずさわってきたふたりの著者による、子どもたちの「非認知能力」を育むための、育児書です。

●この本は、子育てにたずさわるすべての方々に向けて書かれています。ですから、現在、育児中のお父さん、お母さんだけでなく、これから親になる方やおじいちゃん、おばあちゃんのほか、保育士や幼稚園教諭などを務める方々にも使っていただける内容です。

●内容は、大きく「第1部」と「第2部」に分けました。「第1部」では、この本の核となる「非認知能力」とはいったいどのような能力なのか、ということ、そして多くの親が頭を悩ませる「しつけ」と非認知能力との関係について、乳幼児教育学の最前線にいる著者、大豆生田啓友氏がわかりやすく解説しています。「第2部」は乳幼児教育の現場で親子と向き合ってきた大豆生田千夏氏が、子育ての中で親が直面する「困りごと」のケースごとに、そのような子どもの困った行動にはどのような意味があるのか、そしてその子の「非認知能力」を育むためには、どのような「しつけ」が望ましいのか、ということを具体的に紹介しています。

●どこから読んでいただいても大丈夫です。目下、子育て真っ最中、という方は、どうぞ「第2部」の「しつけない」しつけのレシピの部分からパラパラと読んでみてください。そして、読み応えのある「第1部」は、夜、お子さんが眠った後などのゆっくりと時間が取れる時、じっくりと読んでください。きっと、子育てへのヒントや勇気を与えられると思います。

●参考になると考えた、おすすめの本を巻末に紹介しています。

非認知能力を育てる 「しつけない」 しつけとは?

子どもにイライラしていませんか？
──子育てが難しい時代

　毎日の子育て、疲れていませんか？　また、子育てをしている中で、不安になったり、イライラして、子どもに対して感情的になってしまったり、怒ってばかりになってしまったり……。そんなことはありませんか？　図1からもわかるように、多くの親がそのような場面があると回答しています。自分だけがこんなにイライラしているのではないか、ダメな親なのではないかと孤独な気持ちになることもあるかもしれませんが、そうではないのです。

　現代の子育ては、誰にとっても難しいものです。その大きな理由は、親だけが子育てを担うことが多い時代だからです。「ワンオペ育児」などという言葉もありますが、母親ひとりが子育てを中心的に担っているとすれば、大変に決まっています。「昔からそうだったのではないか」と思われるかもしれませんが、それは違います。漫画「サザエさん」を見てください。サザエさんはひとりで子育てをしていませんよね。大家族で、タラちゃんは、たくさんの人の中で育てられています。地域の人たちもみんな、タラちゃんに声をかけてくれるのです。**そもそも、ヒトの子育ては昔からこのような群れの中でなされるのが特徴でした。**周囲の支えがもっとたくさんあったのです。

　現代における子育てが難しいことの背景は、それだけではあ

図1 子どもとのかかわり（経年比較 母親の就業状況別）

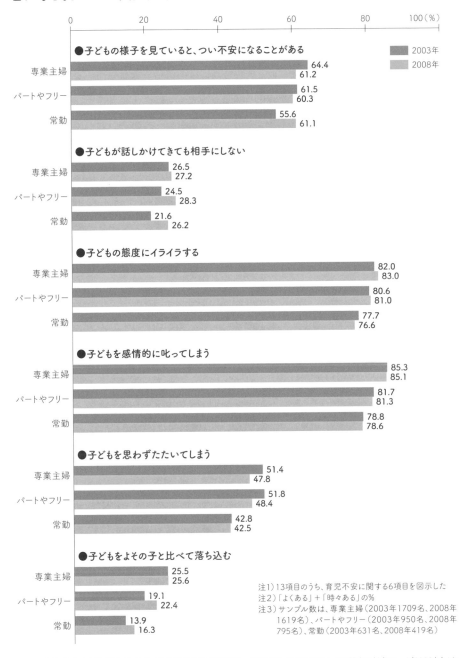

● 子どもの様子を見ていると、つい不安になることがある
- 専業主婦　64.4 / 61.2
- パートやフリー　61.5 / 60.3
- 常勤　55.6 / 61.1

● 子どもが話しかけてきても相手にしない
- 専業主婦　26.5 / 27.2
- パートやフリー　24.5 / 28.3
- 常勤　21.6 / 26.2

● 子どもの態度にイライラする
- 専業主婦　82.0 / 83.0
- パートやフリー　80.6 / 81.0
- 常勤　77.7 / 76.6

● 子どもを感情的に叱ってしまう
- 専業主婦　85.3 / 85.1
- パートやフリー　81.7 / 81.3
- 常勤　78.8 / 78.6

● 子どもを思わずたたいてしまう
- 専業主婦　51.4 / 47.8
- パートやフリー　51.8 / 48.4
- 常勤　42.8 / 42.5

● 子どもをよその子と比べて落ち込む
- 専業主婦　25.5 / 25.6
- パートやフリー　19.1 / 22.4
- 常勤　13.9 / 16.3

凡例：2003年 / 2008年

注1）13項目のうち、育児不安に関する6項目を図示した
注2）「よくある」＋「時々ある」の％
注3）サンプル数は、専業主婦（2003年1709名、2008年1619名）、パートやフリー（2003年950名、2008年795名）、常勤（2003年631名、2008年419名）

ベネッセ教育総合研究所「第3回 子育て生活基本調査（幼児版）―幼稚園児・保育園児をもつ保護者を対象に―」（2008年）より

りません。現代は情報過多の時代です。しかも、先行きが見えない社会。乳幼児期からの子育てでその子が将来、成功するかどうかが決まる、などと親がことさらに不安になることが言われたりもします。そして、そうした育児情報の多くは、往々にして「正しい親」を過剰に求めるのです。「言葉かけのNGワード」だとか、「叱るのはgoodで、怒るはNG」など──。もちろん、正しい側面もあるのですが、実際にはマニュアル通りにうまくいくことはなかなかありません。「正しい親」でありたいけれど、そうならない自分とのギャップにストレスを感じてしまうこともあるでしょう。

しつけストレス

「正しい親」に求められる「正しい育児」は数多あるようですが、中でも、親を悩ませる大きなテーマが「しつけ」です。「子どものしつけができていない」と思われることは、とても大きなストレスとなりますよね。例えば、スーパーで子どもが「ギャン泣き」してしまったり、走り回ったりしてしまうこと、よくありますよね。そうすると、周囲から「しつけができていない」と思われそうです。電車に乗っても、子育てひろばに行っても、多くの公共の場で同じようなことが起こります。そして、そうした場面を取り上げて、「しつけができていない親」だとして、ネットなどで話題にのぼることも少なくありません。

でも、本来、子どもはどこでも泣いたり、走り回ったりする
ものです。「公共の場で」と言いますが、家から一歩外に出
たら、すべてが公共の場です。現代の親はいつも、そうした
周囲の視線にピリピリしなければいけません。**誠実に子育てを
している人ほど、このような「しつけストレス」は大きいのか
もしれません。**

「しつけ」って何?

そもそも「しつけ」とは何でしょう?
「しつけ」とは、「礼儀作法を身につけさせること」(広辞苑)
とあります。一般的には、集団の規範、規律や礼儀作法など慣
習に合った立ち振る舞いができるように、訓練することなどと
説明されています。でも、「集団の規範、規律や礼儀作法」な
どと言われると、「うちの子ダメだ」などと思ってしまいます
よね。実際に子育て中のお父さんやお母さんに子どもの様子を
聞いてみたら、「うちの子、すぐに手が出る」「わがまま」「人
見知り」「マイペース」「いたずらばかり」……、などという声
が多いのではないでしょうか。
　それは、当然です。そもそも、乳幼児期は個人差や個性によ
る違いも大きいものです。自分のペースが大切で、いざこざを
通して人とのつき合い方を学び、わがままを通して自分との折
り合い方を学び、いたずらを通して未知の世界を探索するので

す。乳幼児期には、当然、そのような姿があることは当たり前のことで、それに対して「しつけができていない」と言うのは、違うのです。こうした「しつけ」の定義は、成人になるまでのプロセスをイメージしており、早いうちから、いわゆる「いい子」の型にはめようとすることは、むしろ、大きな無理があるのです。

どなったり、たたいたりはダメなの?
── 体罰によるしつけの悪影響

これまでの「しつけ」のイメージから、子どもは小さな頃から「甘やかさず」に育てる、わがままに対しては「厳しくしつける」必要があると思っている方も少なくないようです。そのため、たたいたりするなど体罰によるしつけも何となく容認されてきたような背景もありました。しかし、それが、子どもへの虐待につながっていることがいくつもの事件で指摘されてきたのです。

そのような問題を受けて、2019年の「児童福祉法」一部改正(2020年4月1日から施行)で、児童の親権を行う者は、「児童のしつけに際して体罰を加えてはならない」ことが明記されました。世界では法律で子どもへの体罰を禁止している国は50ヵ国以上で、日本にとっては大きな前進でした。しかし、ネットの反応では、「たたかずにどうやってしつけたらいいの?」といった声も多くあげられていました。それだけ、子どもをどなったり、たたいたりすることがしつけだと考えていた方も少なくなかっ

たのだと思います。自分が親から受けてきた子育てモデルが、体罰だった場合、自然とそうなっていることもあるでしょう。また、それはよくないとわかっていても、そうせざるをえないほど、ストレスが高い状況の方もいるのだと思います。

しかし、**体罰によるしつけの悪影響は、脳の発達に悪影響を及ぼす**ことが、福井大学の友田明美教授らの研究で明らかになっています。

また、東京医科歯科大学の藤原武男教授や米ハーバード大学

図2　体罰・暴言が脳に及ぼす影響

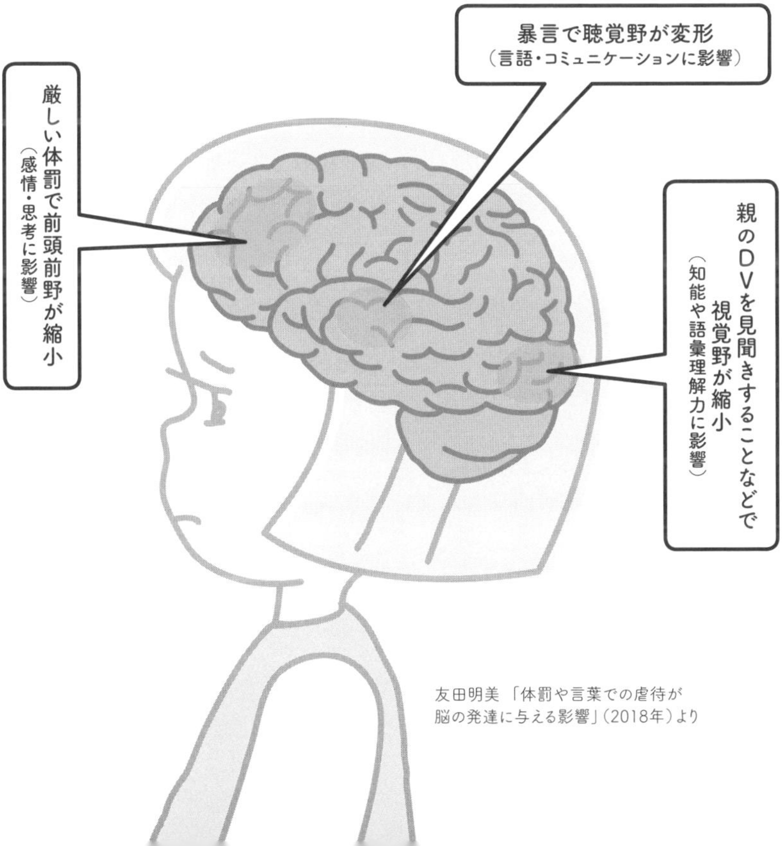

暴言で聴覚野が変形
（言語・コミュニケーションに影響）

厳しい体罰で前頭前野が縮小
（感情・思考に影響）

親のDVを見聞きすることなどで
視覚野が縮小
（知能や語彙理解力に影響）

友田明美「体罰や言葉での虐待が
脳の発達に与える影響」（2018年）より

公衆衛生大学院のイチロー・カワチ教授らのチームによる研究[1]では、悪いことをした時にお尻をたたくなどの体罰は、約束を守れないなどの問題行動につながっている可能性があり、逆効果であることを明らかにしています。やはり、体罰による子育ては避けなければいけないのです。

「強制型しつけ」と「共有型しつけ」

　それでは、どのように「しつけ」を行えばよいのでしょうか？
　お茶の水女子大学名誉教授の内田伸子氏は、「強制型しつけ」と「共有型しつけ」という分類によって説明をしています。「強制型しつけ」は、子どもに考える余地を与えず、すぐに答えを教えてしまう、子どもに対して指示的で、命令もしくは禁止するようなかかわりです。それに対して**「共有型しつけ」とは、子どもをひとりの人格を持つ存在として尊重しながら、子どもとのふれあいや会話を大事にしつつ、楽しい経験を子どもと共有しようとするかかわりです。**

　そして、「強制型しつけ」よりも、「共有型しつけ」を受けた子のほうが、読み・書き・語彙すべてにおいて得点が高いという結果が出ているのです。つまり、しつけのあり方は、その後の学力にも影響があると言われています。

*1 Okuzono, S., Fujiwara, T., Kato, T., & Kawachi, I.(2017). Spanking and subsequent behavioral problems in toddlers: A propensity score-matched, prospective study in Japan. Child Abuse & Neglect

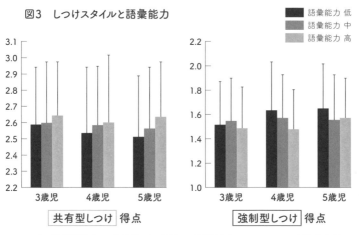

図3　しつけスタイルと語彙能力

内田伸子著『子育てに「もう遅い」はありません』（冨山房インターナショナル、2014年）より

イヤイヤ期のかかわり──「しつけない」しつけ

「共有型しつけ」が大切ということはわかるとして、具体的にはどうしたらよいのでしょうか。イヤイヤ期の例を通して考えてみましょう。

　ある保育園に通う2歳になったばかりのユイちゃん。部屋で遊びに夢中な時に「そろそろお散歩行こうか」と声をかけると、激しく怒り出してしまいました。そして、すべてに「イヤ」としか言いません。その時、保育士は泣いているユイちゃんの背中をなでながら、「まだ遊んでいたのに、イヤだったよね」と声をかけました。その後、しばらく、涙をぬぐいながら近くに

あったおもちゃをいじっていました。少し気持ちが収まった頃、「お茶飲んで、お外に行ってみる？」と聞くと、「うん」と言って自分から靴を履きだしたのです。外に出たところで、「ユイちゃんとお散歩、先生、うれしいな」と声をかけると、「ユイちゃんも」とにっこり笑ったそうです。

　この事例から、次のようなポイントがあげられます。

● 共感する（スキンシップや気持ちを言葉にしてあげるなど）
● 待つ・見守る（気持ちが切り替わる時間をゆっくり待つ）
● 選択肢や見通しを示す（「こうしてみる」など子どもが選択できる言葉かけ）
● I（アイ）メッセージ（「ありがとう」など大人の気持ちを伝える）

　もちろん、こんなふうにうまくいくとは限りません。むしろ、そういかないことのほうが多いでしょう。子育てはマニュアル通りにはいかないので、これはあくまでも一例だとお考えください。でも、このエピソードは、子どもの気持ちに寄り添い、尊重し、ふれあいや会話を大事にしつつ、楽しい経験につながる「共有型のしつけ」でしたね。「こうしなさい」と叱ったり、強制したりしなくても、子ども自身が気持ちを切り替えることにつながったのです。つまり、型を大人が厳しく教え込まなければならないというのが「しつけ」と思っていた方にとっては、これは、しつけていないことになります。でも、大人はほった

らかしにしたわけでもないのです。子どもの気持ちに寄り添っ
てかかわっていました。**その結果、子ども自身が自分で気持ち
をコントロールすることにつながったのですから、「しつけ」でも
あるのです。**つまりこれが、「共有型のしつけ」でもあるし、「し
つけない」しつけでもあるのです。

非認知能力の重要性
——自分の気持ちをコントロールするためのかかわり

　さて、先の事例のように、自分の気持ちを自分でコントロー
ルできることは、いま、とても注目されている「非認知能力」の
ひとつです。**非認知能力とは、読み・書き・計算などの認知的
能力ではないもので、「社会情動的スキル」とも言われます。**
OECD（経済協力開発機構）の定義では、「目標の達成（忍耐力、
自己抑制、目標への情熱）」「他者との協働（社交性、敬意、思
いやり）」「情動の制御（自尊心、楽観性、自信）」です（図4）。
私たちは、目に見えやすい認知的な能力に着目しがちですが、
実は、目に見えない心や社会性などの「非認知能力」が人生を
幸せに生きていくうえで重要であることが、さまざまな研究で
も明らかにされているのです。

　そして、あきらめずにやりぬくことや、他者とのコミュニケー
ション、自尊心、気持ちのコントロールなども「非認知能力」
です。このような目には見えにくい心や社会性の育ちが、乳幼

図4　認知的スキル、社会情動的スキルのフレームワーク

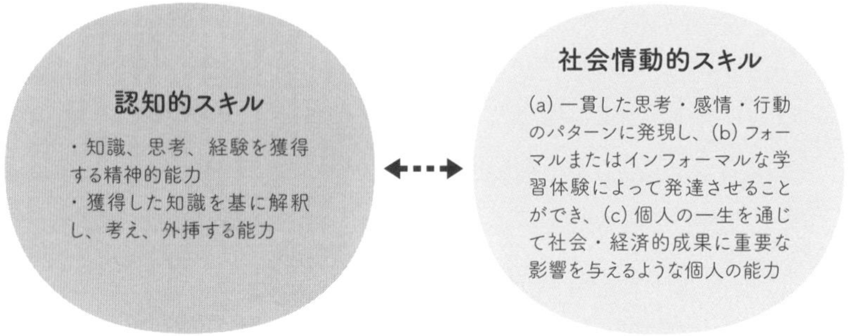

認知的スキル

・知識、思考、経験を獲得する精神的能力
・獲得した知識を基に解釈し、考え、外挿する能力

◀ ‑ ‑ ‑ ‑ ▶

社会情動的スキル

(a) 一貫した思考・感情・行動のパターンに発現し、(b) フォーマルまたはインフォーマルな学習体験によって発達させることができ、(c) 個人の一生を通じて社会・経済的成果に重要な影響を与えるような個人の能力

基礎的認知能力	獲得された知識	外挿された知識	目標の達成	他者との協働	情動の制御
●パターン認識	●呼び出す	●考える	●忍耐力	●社交性	●自尊心
●処理速度	●抽出する	●推論する	●自己抑制	●敬意	●楽観性
●記憶	●解釈する	●概念化する	●目標への情熱	●思いやり	●自信

池迫浩子、宮本晃司著、ベネッセ教育総合研究所訳「家庭、学校、地域社会における社会情動的スキルの育成：国際的エビデンスのまとめと日本の教育実践・研究に対する示唆 OECD」（2015年）より

児期からとても重要であると言われているのです。ノーベル経済学賞を受賞したジェームズ・J・ヘックマン教授らの研究[*2]などでは、非認知能力の育ちが、大人になっての経済状態や幸福・適応状態にまで影響を与える可能性があることが示唆されており、その重要性が説かれています。

　ただし、「非認知能力」という概念自体はとてもあいまいなものです。最近では、大阪府教育委員会のパンフレット[*3]などに、「未来に向かう力」として説明されています。そこでは、「安全基地」（子どもの心のよりどころ、安心できる人）を基盤にしており、「目標に向かってがんばる力」（忍耐力、自制心、意欲など）、「人と関わ

[*2] ジェームズ・J・ヘックマン著、古草秀子訳『幼児教育の経済学』（東洋経済新報社、2015年）
[*3] 大阪府教育委員会　非認知能力（社会情動的スキル）を育むリーフレット「乳幼児期に育みたい！ 未来に向かう力」

る力」（人の気持ちを感じる力、共感、思いやりなど）、「気持ちをコントロールする力」（自尊心、自信、ルールを守るなど）の側面があると整理して説明がなされています。

　上記の中で、「気持ちをコントロールする力」は「実行機能」とも呼ばれ、とても重要だと考えられています。京都大学の森口佑介教授は、「実行機能」とは、「目標を達成するために、自分の行いを抑えたり、切り替えたりする力のこと」であるとし、「私たちの社会生活に欠かせないもの」と定義しています[4]。さらに、実行機能の発達を促すにはさまざまな要因がある中で、「支援的な子育て」にはよい影響があり、「極端な管理的な子育て」は悪い影響があると述べています。

「支援的な子育て」とは、例えば、子どもが自分でボタンをはずそうとしている時にヒントを与えるなど、**子ども自身が自分で解決することを尊重し、最低限の支援をするかかわり方のことです。** それに対して、「管理的な子育て」は大人が先回りしてやってしまうことや、罰を与えることなどを指します。「**支援的な子育て」に効果があるのは、子どもが自分自身をコントロールする力が育まれるからだと言います。**

　ただし、親のある程度の管理も必要であることを森口教授は明らかにしています。例えば、家庭でのルールです。テレビやゲームをする時間をしっかり決めるなどのルールがあることなどがそれにあたるでしょう。寝る時間、起きる時間などの生活の習慣やリズムもそうですよね。**家庭での暮らしにゆるやかな**

＊4　森口佑介著『自分をコントロールする力　非認知スキルの心理学』（講談社現代新書、2019 年）

ルールがあることで、子どもはどうしたらよいかという見通しが立ち、安心感にもつながるのです。子どもが自分の気持ちをコントロールできるようにするには、そのための支援的なかかわりと、ゆるやかなルールなどが必要ということです。それが、本書で言う「しつけない」しつけのコンセプトにもなっています。

アタッチメントの重要性

　最近、「赤ちゃんへのしつけはどのようにしたらよいですか？」という質問を受けることが多くなりました。人とのかかわり方や、生活習慣のことなど、何かできないことがあると、親としては気になることがたくさんあると思います。けれども、何かができることよりも大切なことは、子どもの育ちの基盤となる「アタッチメント」を形成することです。アタッチメントとは、「不安定な時に特定の大人にしっかりくっつくことで確かな安心感を得て、その中で形成される情緒的な絆」のこと。つまり、大好きな親と安心してくっつける温かい信頼関係が、生きていくうえでもっとも大切な心の安全基地を作るのです。
　このような安全基地が基盤となって、非認知能力は育まれていきます。東京大学の遠藤利彦教授は、アタッチメントを通して安心感の輪が生まれ、そのことにより、基本的信頼感（安全の感覚）、自律性（ひとりでいられる力）、共感性（他者の気持ちを理解し、思いやる力）が育まれると述べています[5]。

＊5　遠藤利彦著『赤ちゃんの発達とアタッチメント―乳児保育で大切にしたいこと』（ひとなる書房、2017年）

基本的信頼感は、子育ての根幹となる重要なファクターです。基本的信頼感が築かれることで、自分から何かをやってみようという意欲が生まれ、さらには他者との豊かなコミュニケーションにもつながっていくのです。ですから、アタッチメントを形成すること自体が、すでに子どもの心や社会性の成長につながっており、「しつけない」しつけのもっとも大切な根幹なのです。

共感的なかかわり

　アタッチメントの重要性は、同時に、子どもの気持ちに対する大人の「共感的なかかわり」が大切であるということも意味しています。例えば、泣いている赤ちゃんであれば、「寂しいのかな？」「おなかすいたのかな？」「おしっこ出たかな？」などと、その子が泣いている気持ちに寄り添って、その子が求めるかかわりを行おうとすることです。自分が困っている時にしっかりと受け止め、しがみつける大人がいることで、子どもの心に大人に対する信頼感や安心感が生まれるのです。

　赤ちゃんに限らず、もっと大きな子の場合も同様です。おもらしをしてしまった時のことなどを考えてみましょう。親からしてみれば、「またやったの？」と思うこともあるかもしれません。厳しくしつけないとダメではないかと思う方もいるかもしれませんが、それはまったく逆効果です。厳しく言われると

子どもは萎縮してしまい、かえってうまくいかなくなるものです。「気持ち悪かったね。大丈夫だよ。パンツ、取り替えてさっぱりしようね」などと、その子が失敗してしまったという気持ちに寄り添って、言葉をかけます。そうされることで、子どもは自分が失敗しても受け止めてくれるという安心感から、「おしっこしたい」と親に話せるようになり、次第に自分でコントロールできるようになっていくのです。それは、自分でできたという成功体験になり、自己肯定感の育ちにもつながるのです。

　子育てにおける共感的なかかわりの重要性については、認知心理学者の佐伯胖氏の「学びのドーナッツ論」でも説明できます（図5）。I（子ども）は、YOU（親などによる親しみあ

図5　学びのドーナッツ論

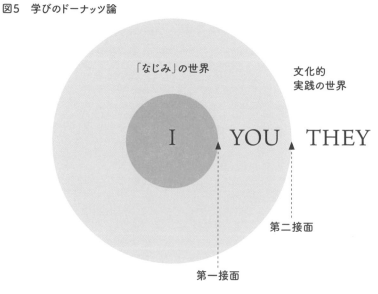

子どもと保育総合研究所編、佐伯胖・大豆生田啓友ほか著
『子どもを「人間としてみる」ということ　子どもとともにある保育の原点』（ミネルヴァ書房、2013年）より

るかかわり）によってしっかり受け止められることにより、THEY（世界／自分でトイレに行くなどの文化的行為）へと広がっていけるのです。急いでTHEY（世界）へとしつけようとしても、結果的にしっかり身につかなかったりするものです。それは、トイレトレーニングだけではなく、食べ物の好き嫌いをなくすこと、友だちと仲よくすることなど、一般に「しつけ」の一環として考えられること、すべてについて言えることなのです。**大人の「共感的なかかわり」は、「しつけ」とは呼ばないかもしれませんが、それが結果的にはより確実で子どもにとってよい「しつけ」へとつながっているのです。**

自己肯定感を育てる

　非認知能力を育てる「アタッチメント」や「共感的なかかわり」を大切にした子育てでは、子どもの思いが受け止められ、自分らしさが大切にされるので、子どもは自分のことを肯定的に受け止めることができるようになります。**自分自身のことを好きだと思えるようになるのです。**それは、「自己肯定感」とも言われるものです。よく知られているように、日本の子どもたちは、他の先進国の子どもたちと比較して、自己肯定感がとても低いと言われています（図6）。

　もっとも、欧米諸国の文化とは異なり、日本には謙虚さや控えめであることをよしとする文化・価値観もあるので、この調

査における自己肯定感の低さが現実をストレートに反映しているとは、一概に言い切れないところもあります。ただし、「自分のことが好き」「自分は大切な存在」と思えることは、とても大切です。自分を受け入れられないと、他者を受容する気持ち（思いやりの心）も生まれません。また、そうした気持ちがないと、困難な場面を乗り越える力（非認知能力のひとつ）も生まれてこないのです。自己肯定感が大切だと言われる所以です。

　自己肯定感を培ううえで重要なのは、図7からもわかるように、家族からの愛情を実感できることです。具体的には、これまで述べてきたように、親が子どもの気持ちに寄り添い、尊重し、親子のふれあいや会話を大事にしつつ、子どもの楽しい経験につながる「共有型のしつけ」や「支援的な子育て」であり、アタッチメントを基盤とした「共感的なかかわり」が大切なのです。

　けれどもそれは、単に「ほめて」育てればよいということでもありません。よく、ネット上に「ほめて、ほめて育てましょう」などとありますが、それほど単純なことではありません。時には、親が「それはダメ」と本気で叱ることだってあるでしょう。日常的に自分に受容的な親の真剣な姿勢は、愛情として伝わることもあるのです。

「ほどよい親」であること

　子育ては、思い通りにはいかないものです。かんしゃくの強い子もいれば、友だちにすぐ手が出てしまう子もいますし、人見知

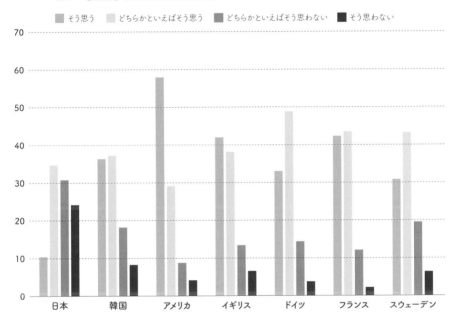

図6 【国別】自分自身に満足している

そう思う　どちらかといえばそう思う　どちらかといえばそう思わない　そう思わない

注1）サンプル数は、日本1134名、韓国1064名、アメリカ1063名、イギリス1051名、ドイツ1049名、
　　フランス1060名、スウェーデン1051名
　　内閣府「我が国と諸外国の若者の意識に関する調査」（平成30年度）より

図7 　家族との愛情・絆とへこたれない力の関係　　高群　中群　低群

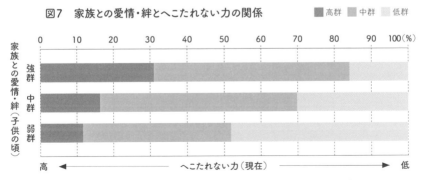

注1）サンプル数は、家族との愛情・絆の強群2206名、中群1708名、弱群1086名
国立青少年教育振興機構「子供の頃の体験がはぐくむ力とその成果に関する調査研究」（2017年）より

りの強い子もいれば、落ち着きのない子、食べ物の好き嫌いの多い子もいます。そうした子どもの姿は、乳幼児期に特徴的な場合もあれば、一人ひとり違った個性である場合もあるのですが、それを実際に受け止めることはなかなか難しく、わが子の姿にイライラし、悩んでいる親も多いのが現実です。程度の差こそあれ、親ならば誰しもがそうした悩みのひとつやふたつに直面しているものでしょう。そして、解決策を求めて多くの情報に当たる中で、これまで述べてきた「子どもに共感的にかかわること」の大切さもわかっている、と思われる方も少なくないでしょう。でも、わかってはいても、なかなかうまくはできないものなのです。

　実際の子育てというのは、きっとそういうものなのだと思います。ですから、本書を読んでくださっている親御さんの多くは、うまくいかないと感じている中にあっても、共感的であろうとしており、すでに十分なよいかかわりをしているのだと思います。冒頭でも述べたように、子育ての難しい時代の中にあって、それは素晴らしいことです。

　もしかすると、**「よい親」になろうとしすぎないことも大事なことなのかもしれません**。イギリスの著名な小児精神科医のウィニコットは、「ほどよい母親（good enough mother）」であることが大切だと述べているのです[6]。また、フィンランドのある研究では、**母親が機嫌よくいることが、子どもの成長によい影響を与えている**というものもあります。ですから、親自身が少し気楽に子育てしようというくらいの気持ちでいること

*6　D.W.ウィニコット著、牛島定信訳『情緒発達の精神分析理論』（岩崎学術出版社、1977年）、D.W.ウィニコット著、猪股丈二訳『子どもと家族とまわりの世界（下）　子どもはなぜあそぶの』（星和書店、1986年）

がよいとも言えるのです。

子どもを「人間としてみる」子育て
──能力やスキルから子どもをみない

　ここまで、さまざまな研究等から得られている知見を踏まえて、「子どもの気持ちに共感的にかかわることの大切さ」について、お話をしてきました。けれども、子育てとはなかなかうまくいかないものです。なぜなら、実際の子育てには、「こうすれば、こうなる」というわかりやすい図式は当てはまらないからです。子どもはロボットではないので、このボタンを押せば、明日からわがままを言わないようになる、というようなことは起こらないのです。

　実は、本書で述べている「非認知能力」についても、注意が必要です。「非認知能力」を単に将来に困らないために達成させなければならない「能力」や「スキル」と安易に捉えてしまうと、それもまた「うまくいかない」子育ての要因のひとつになってしまうかもしれません。ですから、「非認知能力」とは、**「非認知」的な「能力やスキル」と捉えるよりも、目に見えない心や社会的な育ちを重視するかかわり方や環境のあり方と捉えたほうが、子どもの豊かな育ちを後押しする言葉としてふさわしいのではないかと考えています。**

　多くの子育て本が、「将来に困らない能力やスキル」「〇歳までに決まる」などと煽るような宣伝文句を掲げていますが、人

の育ちはそれほど単純なものではありません。また、**子育ては「魔法の言葉かけ」をすればうまくいくというわけにもいかないのです。**そうした情報があふれているから、多くの親が「私のやり方がダメだから、子育てがこんなに難しいのでは？」と悩み、焦りを感じてしまうのです。それは、誰もが感じることですし、子育てというもの自体がそもそも難しいことなのです。先にも述べたように、**悩みながらも、子どもの気持ちを受け止めようと思いながら試行錯誤している段階で、すでに親として大切なかかわりをしていると考えられます。**

　先ほど、イヤイヤ期のかかわり方の例をあげましたが、それも、いつもうまくいくとは限りません。そのようなかかわりをしたら、すぐに聞き分けのいい子になるわけでもないのです。一人ひとりの子どもはタイプも違えば状況も違う。すべて違うので、当然と言えば、当然です。そうしたかかわりも含め、「ああでもない。こうでもない」と大人が試行錯誤しながら、子どもは多様な経験を経て、豊かな関係性が築かれていく中で、気がついたら、「なんだかずいぶん自分の気持ちをコントロールできるようになってきたねえ」となるものだと思います。子育ては長期戦です。成人するまで続くので、長い目でみていくことが必要です。

　だから、親ができることは、その子の「いま」をちょっとでも幸せが実感できるものにするように、かかわることなのです。いくら将来のためを思っても、残念ながら、先のことはわかりません。

30

イヤイヤ期の例も、子どもの「いま、ここ」を大切にするかかわりなのです。ただし、子育てを行ううえでの大切な考え方や、子育てを楽しくするためのコツはあります。本書は、そうしたことをお伝えしようというものなのです。

　子どもは大人が思っている以上に有能であることが、近年の赤ちゃん研究などでわかってきています。赤ちゃんはかなり早い段階から、相手の気持ちに共感的であろうとする姿があることもわかってきています。つまり、**乳幼児をまだ何もできない存在としてみるのではなく、「人間としてみる」**ことが**大切**だと言われています。ですから、例えば何かを決める時に、小さな子に対しても「あなたはどうしたい?」と、**ひとりの尊厳ある人としてかかわることが大切**だと言われています。子どもの声を「聴く」という姿勢です。「しつける」という発想には、子どもは未熟だから大人が「しつけてやる」もの、そうしないときちんと育たないという古い発達観が潜んでいます。

「子どもをひとりの人間としてみる」と、子どもってなかなかすごいなあと思うことも増えてくるでしょう。そのような人間としての子どもの姿が垣間見えると、あまり細かいことが気にならなくなり、「ま、いいか」「これが、うちの子の個性かな」とも思え、子育てを楽しめるようになるかもしれません。それは、子どもと親、両者のハピネスにつながり、結果的には、子どもの自己肯定感を自然と高めることになり、よい影響を与えるのです。これが「しつけない」しつけなのです。

赤ちゃんには道徳心がある？

　ある有名な赤ちゃんへの実験*の話です。赤ちゃんに〇と△と□の積み木のキャラクターが出てくるこんな映像を見せました。

　主人公の〇ちゃんは懸命に坂をのぼります。△ちゃんは坂をのぼる〇ちゃんを後ろから押して、手助けします。すると、□ちゃんが現れ、〇ちゃんの邪魔をするのです。こんな映像です。そしてこの後、赤ちゃんにこの△と□を見せると、ほとんどが、「いいことしたのは手助けした△だ」と言わんばかりに△に手を伸ばしたのです。6ヵ月の場合も、10ヵ月の場合も同様でした。

　つまり、6ヵ月くらいにして赤ちゃんは、道徳的に「よい」「悪い」がわかっているようです。また、〇ちゃんの気持ちに共感しようとしているとも考えられますが、そうした経験をしていない赤ちゃんが他者の気持ちに共感しているとは言えません。ただ、赤ちゃんは生まれながらに、誰かのためによくあろうとする傾向（利他性）が潜在的にあるのかもしれないと言えるでしょう。

　近年の赤ちゃん研究では、赤ちゃんの有能さが明らかにされています。そう考えると、子どもは無能だから、「（厳しく）しつけないと育たない」という考えよりも、その子の「よさ」を大切にしていく育て方のほうがふさわしいと考えられるのです。

*Aknin,L.B.,Hamlin,J.K., & Dunn,E.W.(2012).Giving leads to happiness in young children.
PLoS ONE,Vol.7(6)

第2部

**非認知能力を育てる
「しつけない」しつけのレシピ**

「しつけない」しつけ

①

「生活の基本」

編

子どもが成長する過程で身につけさせたい生活習慣とは何でしょうか。早寝・早起き、健康な食生活、お風呂、歯みがき、手洗い、さらに排せつが自立し、危険から身を守り、お片づけも……。列挙してみると気が遠くなりますね。でも、子どもは自分とは別の人間です。「寝なさい」「食べなさい」と怒っても思い通りにはいきません。大人だって好き嫌いはあるし、食欲がない日、寝ようと思っても寝つけない日があります。そんな時、役に立つのが「生活リズム」です。「生活リズム」というと教科書のようですね。規則正しい模範的な生活をしなければいけない、と堅苦しいイメージでしょうか。でも、「生活リズム」は結構役に立ちます。楽に生活を送り、子どもに生活習慣を身につけさせるために生活リズムを利用してみてください。

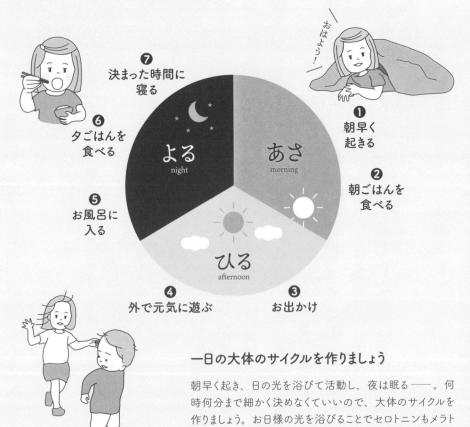

❼ 決まった時間に寝る

❻ 夕ごはんを食べる

❺ お風呂に入る

よる
night

あさ
morning

ひる
afternoon

おはよう！

❶ 朝早く起きる

❷ 朝ごはんを食べる

❸ お出かけ

❹ 外で元気に遊ぶ

一日の大体のサイクルを作りましょう

朝早く起き、日の光を浴びて活動し、夜は眠る——。何時何分まで細かく決めなくていいので、大体のサイクルを作りましょう。お日様の光を浴びることでセロトニンもメラトニンも生活リズムをスムーズに作る助けをしてくれます。

生活習慣もリズムの中で身につけましょう

毎日の生活リズムが決まっていれば、子どもも目安が持てます。片づける、手を洗うなどの生活習慣も、決まったパターンになっているとスムーズです。また、早くから活動し、十分遊んだ後だと気持ちの切り替えが楽だったり、間食をしていなければ食事も進んだりします。そのようなことがなく、「着替えなさい」「片づけなさい」とやらせようとしても、親も子も互いにつらいことになります。

鐘がなったから
おうち帰ろ〜

怒る前に、まず「生活リズム」を見直す

それぞれの家庭によって、生活リズムはさまざまです。しかも、病気や夜泣き、旅行などによって絶えずリズムは乱れるものでもあります。卒乳、幼稚園・保育園への入園など、成長に伴う生活リズムの見直しも必要です。生活リズムは簡単には整わない、とわりきって、できるところから調整してみましょう。そして、何かがうまくいっていない時は、怒る前に生活リズムの調整です。どこを調整しようかな、まずは観察です。「食べてくれない」「寝てくれない」それぞれの項目で見ていきましょう。

「全然食べてくれません」

「決めるのは、いつも子ども」
なんでも食べる子、食の細い子……、食べ方も個性です。

子育ての困りごとの1番に来るのが食事です。一日に何回も飲むおっぱいやミルクに始まり、手もテーブルもぐちゃぐちゃの離乳食、支度から後片づけまで一日3度の食事……。多くの時間と労力を使うのに、子どもはプイッと食べなかったり……、せっかく作ったごはんを嫌がられると悲しい気持ちになります。赤ちゃんに拒否されたような気持ちになることもあります。でも、そもそも子どもの個性はいろいろで、なんでも食べる子、もともと食の細い子、初めてのものに慎重な子、さまざまです。食事を拒否しても、パパやママのことは大好きです。ドライに生活リズムから考えましょう。間食はしていませんか。活動量は足りていますか。おっぱいやミルクを飲みすぎていませんか。細切れで食べていると食事量は増えません。食事の時に「食べなさい」と怒るよりも、食事と食事の間にお散歩に行くなどの工夫が効果的です。

どうしたらいいの?

まずは離乳食です。赤ちゃんの様子をよく見てみてください。おっぱいやミルクを飲んでいた口がスプーンで食べることに慣れていく時期です。無理強いしないで、親が楽しく食事をして見せましょう。欲しそうだったら、スプーンを赤ちゃんの口のすぐ前に持っていき、赤ちゃんの様子をよく見て、赤ちゃんが口を開け少し顔が近づいてきたら、入れてあげましょう。

はいっ、あ〜〜〜〜〜〜〜ん

先輩ママはどうしてた?

・おっぱいは飲んでいるから、まあいいか、というくらいの気持ちでした。
・離乳食は食べず、大人の食事の取り分けならば食べるので、仕方なく少しお湯で薄味にしたりして、そちらをあげていました。
・おやつは極力、あげないようにしたら、食べるようになった気がします。

ヒント

小食の子には……

もともと小食の子、一度にたくさん食べられない子、というのはいるものです。そういう子には、おにぎりやお芋、とうもろこしなどのおやつを用意するのもおすすめです。

最近小食だけど、元気ならいいか！

もっと食べさせなきゃダメかな？

子どもの食べる量にはムラがあります。例えば1歳のお誕生日を迎えた頃、急に食べる量が減ることがあります。0歳台のように体重が急激に増える時期ではなくなり、立って歩けるようになったりして気持ちが食べる以外のことに向き、食事の量が減る子が多いのです。増え続けていた体重がピタッと止まりますが、元気に遊んでいたら心配ありません。

「チョコやジュースばかり欲しがります」

「食べちゃダメなものは見せない」
あるのに食べないのは、大人だって難しいです。

家の冷凍庫にアイスがあり、棚にポテトチップスやチョコレートがある。そして、それを子どもが食べたことがある——。この時点で、子どもにそれを食べるなと禁止することは難しいです。食べさせないなら見せない、見せるなら食べさせる、そのどちらかです。大人だって、好きな食べ物を食べないことは、かなりの気持ちの強さが必要ですよね。ですから、子どもがいる家庭では、食べ物の置き場にもひと工夫が必要なのです。すでにあげてしまったことがあって、それを仕切り直したい場合には、「ここには何もないよ」というのを何度か繰り返して、他の食べてもいいものをあげるなどして、納得してもらいましょう。

どうしたらいいの？

冷蔵庫を開けても、それは入っていなかった、という経験をさせたり、冷凍庫にイチゴやバナナを凍らせておくなど子どもが食べてもよい、好きなおやつを用意しておきましょう。また、退屈するとお菓子が欲しくなるもの。生活リズムの出番です。冷蔵庫の前で要求する時間はいつが多いでしょう。その時間帯は外遊びに連れ出してしまう、その時間の少し前に小さなおにぎりなどの補食を食べさせるなど、様子を見ながら工夫してみましょう。

先輩ママはどうしてた？

・見つかっちゃったらもうダメ。あげるしかない。
・冷蔵庫にケーキなどを入れておきたい時は、黒い袋に入れて隠していました。
　そして、子どもが寝しずまったらこっそり食べる！

必ず残される野菜、食卓に出す意味ってあるの?

カナダの家族支援プログラム「ノーバディズ・パーフェクト（Nobody's Perfect）」プログラムのテキスト（からだ）*には、「子どもの年齢にふさわしい、良質の健康的な食べ物を与えることは、親の仕事の一つです。そして、それをどれだけ食べるか決めるのは、子どもの仕事です」と書かれています。野菜を出した時点であなたは立派に仕事を果たしています。無理強いせず大人がおいしそうに食べている様子を見せましょう。

＊NPO法人 子ども家庭リソースセンター編『ノーバディズ・パーフェクト』①「からだ」（ドメス出版、2002年）

ヒント

手作りお菓子

一度覚えてしまったジャンクな味の魅力……、子どもだってなかなか忘れられないものです。そんな時、面倒でも一緒にお菓子を作るのがおすすめです。本格的なものでなくとも、例えばポップコーンなら、ポップコーン豆に好みの味つけをして、フライパンで煎るだけ。作る工程も子どもと一緒に楽しめるので、子どもも大満足です。

ポップコーンの作り方

材料
・ポップコーン豆　50g
・油（サラダ油など）大さじ1
・塩　適量（2〜3gほど）＊塩の代わりに砂糖5gを入れれば、甘いポップコーンに。

① フライパンに油を入れる。
② 中火にかけて、ポップコーン豆を2〜3粒入れて、豆が弾けるまで待つ。
③ ポップコーン豆を全部入れる。
④ 塩か砂糖を加える。
⑤ フライパンにふたをして、焦げないように鍋を振る。
⑥ 豆が弾ける音が3秒間隔ほどになったら、火を止める。

スプーン、お箸はいつから!?

はじめは手づかみでOK!

離乳食が終わる頃から、子どもは手づかみで食べるようになります。散らかしが気になるかもしれませんが、いまは子どもが「食べるって楽しい!」と思えることが一番大事。また、手づかみで食べることで、食べ物の柔らかさや大きさや、口と手との距離感を体で覚えているのです。温かく見守ってあげましょう。食べ物は、手づかみしやすいかたさ、食べやすい大きさに切ってあげるといいでしょう。

だんだん変わる、スプーンの持ち方

手づかみで自分で食べるようになると、やがてスプーンにも興味を持ち始めます。お母さんが口に運んでくれるスプーンを、自分で持ちたくなるのです。持ち方は徐々に変化していきます。鉛筆にぎりが上手になったら、お箸の練習を始めてもいいかもしれません。

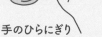

手のひらにぎり

指にぎり

鉛筆にぎり

お箸は、普通のものでも、訓練箸でも

いまは、「補助つきタイプ」や「くぼみのあるタイプ」など、いろいろな訓練箸がありますね。小さな子には補助つきタイプが扱いやすいですし、指先の器用さが発達した年齢の子ならば、くぼみのあるタイプが、正しい箸の持ち方に効果があります。一番大事なのは、子どもの手の大きさに合った長さの箸を選ぶことです。

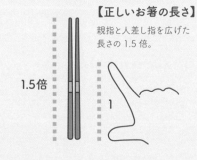

【正しいお箸の長さ】
親指と人差し指を広げた長さの1.5倍。

1.5倍

1

【正しいお箸の持ち方】
真ん中より上を持つ。3本指の当たるところに、ビニールテープなどで印をつけるとよい。

①

②

【お箸の動かし方】　上のお箸だけ動かすのがポイント。

困りごと3 「上手に食べられません」

「できなくて当たり前！」
まずは手づかみだっていいのです。

大人には簡単なことが、小さな子どもにはとても難しいのです。つい最近までおっぱいやミルクを飲んでいた子がスプーンで食事をすることは、例えば、大人が軍手を2重につけて、あるいは利き手ではない手でスプーンを持って食事をしている感覚に近いかもしれません。いまは上手にできないのが当然です。まずは手づかみで。手指は動かすことで発達し、スプーンを使える手が育ちます。新聞紙を敷いたり、長時間にならないように切り上げたりと、大人が大変にならないように、工夫してください。

ヒント
子どものお皿
食事をすべて親が食べさせてしまわず、子どもが自由に食べることができるお皿を用意するのはどうでしょう。子どもの発達のために、と毎回盛大なぐちゃぐちゃを我慢することはありません。子どもの手元のお皿には、何種類かのその年齢に合った食べやすいものを入れてあげましょう。量を少なくすれば、子どもも食べたという達成感が得られるし、後片づけも少し楽になるでしょう。

先輩ママはどうしてた？
・食べこぼしマットをテーブルの下に敷くようにしたら、
　汚されてもあまりイラッとしないようになって、ストレスが減りました。
・子どもの機嫌が悪そうだな〜という時は、汁物や納豆など、片づけが大変なものは
　絶対に出さない。ご機嫌よく食べ始めてから、出すようにしていました。
・口からはみ出ると、口のまわりが汚れたり、食べこぼしたり、ってなるので、とにかく
　食べ物は小さく切って、スプーンもとりわけ小さいものを使わせるようにしていました。

「食事のマナーが悪いです」

「マナーは少しずつでOK!」
神経質にならず、ゆっくりと伝えていきましょう。

親になると、世の中の事情と子どもの事情の間でいろいろと気をもむことばかりですね。子どもの気持ちもわかる、でも、社会のルールもわかっていたたまれない――、そんな場面が多いのではないでしょうか。中でも食事は、いわゆる「マナー」と呼ばれる決まりごとが多く、悩みの種になりがちです。静かにテーブルの前に座る。大人にはなんでもないことでも、動きたい盛りの子には難しいこと。少しの間でも座っていられたらマナーの第一歩。また、真似が大好きな1～2歳の時期には、大人に倣って「いただきます」「ごちそうさま」の挨拶を始めるかもしれません。マナーの第二歩です。ゆっくりと少しずつ身につけていけばいいのです。

どんな意味があるの?

はいはいで階段のぼりが大好きな時期の赤ちゃんは、机にのぼるのも大好きです。寝返りを誰に言われるでもなく努力したのと同じように、高いところがあればのぼってみたい――、それがいまの発達課題。のぼらずにはいられない時期なのです。ただ、お店などでは悩ましいこともありますね。関心を他に向ける工夫も必要かもしれません。

ダメダメダメ!

先輩ママはどうしてた?

・1人目の子はレストランでも静かにできたけど、2人目は全然ダメ。
　外食はしばらくの辛抱と割り切って、あきらめました。
・お箸がうまく使えずに苦労しましたが、トレーニング用のお箸にかえたら、
　あっという間に上手になりました。最初から使っていればよかったです。

たまには自分が作った料理
じゃないものが食べたい！

ヒント

たまにはテイクアウト

子どもがじっと座って静かにしていない
時期は、レストランに無理に行くよりも、
公園でおにぎりを食べたりするほうが楽
しいかもしれません。最近は、いろん
なお店でテイクアウトをしています。レ
ストランへ行くつもりで、たまには奮発
したテイクアウトをするのも、いい気晴
らしになります。

食べ物を粗末にするなんて！

この時期の子どもは、いろいろなことをして、
いろいろな表情を見せます。立派だったり、
優しかったり、とんでもなくわがままだったり、
乱暴だったりします。だからといって、子育
てを間違ったとか、将来が心配とか、性格
に問題があるのでは、などと深刻に受け止
める必要はありません。「食べ物を粗末にし
てはいけない」「道に捨ててはいけない」
ことを伝え、あなたがそう思う理由を短い
言葉で、子どもにわかりやすく伝えてくださ
い。大人がていねいに伝える姿勢が大切
です。

43

「寝てくれません」

「ひとりで何とかしようとしないで！」
子どもの睡眠は百人百様。本当に難しいのです。

子どもがまだ幼い時は、「子の睡眠」は「親の睡眠」に直結します。ですから、子どもが夜になっても寝てくれないとなったら、本当に大変。そして、よく眠る赤ちゃんのいる一方で、生活リズムを整えるのが本当に難しい子がいるのです。個人差がとても大きく、また、成長によって変化も激しい時期です。毎日毎日、昼間は休めず、さらに夜泣きでゆっくり眠れない——。そんな毎日が何ヵ月も続いたら、もう何をする気力も残ってないのではないかと思います。そんな時は、昼間でも家事などは二の次、できるだけ休んでください。家など散らかっていてもいいのです。

どうしたらいいの？

夜中の孤軍奮闘に疲れ切り、実家に戻って丸一日眠り続けた、というお母さんがいました。昼間に預かりサービスを利用することで、乗り切ったという方もいました。頼める人はいないでしょうか、休める場所はありませんか。ファミリーサポートセンターや保育園での一時預かりなど、地域には必ず、子育てを助けてくれる場所があるので、相談してみましょう。

先輩ママはどうしてた？
・夜泣き仲間の存在に助けられました。ひとりであやしている時も、
　「いま頃、○○ちゃんのおうちでも泣いているかなあ」って思うと、頑張れました！
・夜泣きの相手は、できるだけ、夫婦で交代にして、睡眠時間を確保しました。
・近所の神社の「虫封じ」。すごい効くとママたちに評判で、騙されたつもりで行ったら、
　本当に眠るようになった！　いま思い出してもウソみたい！

寝ないと思えば、朝は寝坊。
なんとかして〜

ヒント

ルーティーンを決める

おもちゃにおやすみを言ったり、絵本を読んでもらったり、唄を歌ってもらったり……。眠る前に必ず行う「ルーティーン」を決めるといいでしょう。最初はなかなか眠らなくても、それが眠りの「合図」になり、リズムができれば眠りやすくなります。絵本は子どもが興奮しすぎないものがおすすめです。

ヒント

生活メモ

生活リズムを整えるのは難しいものです。教科書のような規則正しい生活をしようと思っても、人間無理があると長続きしませんし、ストレスもたまります。簡単な「生活メモ」がおすすめです。何時に起きて、何時にごはんを食べてなど、ちょっとメモしておくと「起きる時間が毎日ばらばら」とか「水曜はパパの帰宅時間と重なっていつも夜更かし」とか気がつくことがあります。出かけた公園なども書いておくと育児の記録になりますね。

起きなさい！

「着替えが大変です」

「そうです。着替えは親子の大事業なのです」
こだわりポイントも十人十色。腰を据えて向き合いましょう。

『おててがでたよ』（林明子作 福音館書店 1986年）という絵本があります。お着替えで、洋服から手が出て足が出て、最後に「すぽん でたー」とお顔が出てくるまでのお話です。「できた！」という時のうれしさが伝わってくる、私も大好きな絵本ですが、幼い子にとって、お着替えは絵本が一冊できるほどの大事業だということも伝わってきます。他に楽しみがある時、疲れている時、後回しにしたくなる気持ちは、大人にも理解できますよね。加えて、裸の解放感が好きですぐ脱いでしまう子、洋服のタグが当たるのを嫌がる子、すぐ裸足になってしまう子……。子どもによって、いろんなこだわりがあるので、親にとっても着替えは一大事業なのです。

きがえない！

どうしたらいいの？

この他にも、首まわりがきついと嫌がる子、いつも同じ服を着たがる子、ヒラヒラドレスのお姫様……、いろいろなこだわりを見たことがあります。子どもが絶対これ、と言っている時は、洋服が体の一部のようで他のものには代えがたいのです。可能なら（親の許容範囲なら）それでよしとしてあげてください。不可能な場合は、代替案をいくつか提案し、お願いをしてみましょう。

先輩ママはどうしてた？
・1人目の経験から、こだわり時期は短いとわかったので、
　できるだけ好きなようにさせちゃいました。パジャマ登園はよくありましたよ（笑）。
・子どもの好きなキャラクターのワッペンを買って、着てくれない服に貼ったら、
　ウソみたいに着てくれるようになりました。子どもと一緒に作業するのがおすすめ！

同じ服をもう一枚

どうしてもその服がいいのなら、同じものを2枚買ってしまうのもひとつの手です。そもそも、よく考えてみれば、無理に違う服を着せようと頑張る必要もないのですから。

風邪を引くから
厚着してほしいのに〜

寒くないのかもしれません。暖かい部屋から出たばかりだったり、走り回っていて寒くないのかもしれません。大人は荷物が多いし、外に出る前に上着を着るのは当たり前のことですが、子どもはそうはいきません。外に出て寒いとわかればすんなり着てくれたりします。荷物が増えてしまうようなら、子どものリュックに上着を入れてしょってもらうのはどうでしょう。

寒いから上着を着なさい!!

「お風呂や歯みがきを嫌がります」

「めんどくさいですよね」
完璧にきれいにしなくてもOKです。

諸外国と比べて、日本人はきれい好きだとよく言われます。とりわけ好きなのはお風呂ではないでしょうか。確かにお風呂に入ると体が温まって、さっぱりして、気持ちがいいですね。けれども、何が何でも毎日お風呂に入らなくてはダメでしょうか？ 髪も体もしっかりきれいにしなくてはだめでしょうか？ 子どもたちにも無理強いすることなく「気持ちがいい」と思いながら、 よい習慣を身につけてほしいですね。とことんきれいにするのではなく、お楽しみタイムになるといいですね。

おふろイャ〜

どうしたらいいの？

あまり汗をかかない冬場など、体を拭くだけでいい日もあるかもしれません。濡らした手拭いやタオルを電子レンジで 20 ～ 30 秒ほど温めて、顔から順番に拭いてあげましょう。また、夏場でも、水浴びした日などは夜にお風呂に入れることに、そんなに神経質にならなくてもいいでしょう。

先輩ママはどうしてた？
・ 毎日毎日、お風呂に入るのを嫌がるのですが、お風呂に好きなおもちゃを入れたりして、日々、なんとかしのいでいます。
・ お風呂の時間はパパとのごっこあそびタイム、と決めて、水鉄砲を手に毎日盛り上がっています。そして、長い長い入浴タイムは、私の休息時間！

やっと入ったと思ったら
今度は出られないお風呂地獄!

さっきは嫌がっていたのに、今度はお風呂での遊びに夢中になる……。よくある光景ですよね。あまりにも生活リズムが乱されるようでしたら、わが家はいつお風呂に入るとスムーズかな、と考えてみてください。遊び足りない時、眠い時はお風呂に入るのを嫌がる子が多いので、帰宅後すぐお風呂に入るおうちもあります。また、お風呂が長すぎる子には、お風呂上がりに何か楽しみを作ってあげるといいでしょう。

嫌がる子、押さえつけてまで
みがかなきゃダメ?

嫌がる子どもを押さえて大人が必死になり、仕上げみがきの力が強くなりすぎていることがあります。力が強いので痛く怖く、子どもが嫌がるという悪循環になっています。歯科で歯みがき指導を受けてみるのもいいかもしれません。また、歯みがき以外の虫歯予防もあります。おやつの見直し、食事（おやつ、水・お茶以外の飲み物を含む）の間隔をあける（だらだら食べない）、食べた後に水分をとる、などです。

口開けなさ〜い

あっ
ぷっぷ

49

困りごと8 「お片づけができません」

「片づかないものです」
大人でも難しいことです。物を減らすことから始めましょう。

現代人はあまりにも多くの物や事に囲まれていて、大人ですら、時としてそれらをしっかりと管理できないことがあります。たくさんのものの中から、目当てのものを見つけるのに苦労したことはないでしょうか？　私はいつも探し物をしています。大人にとってですら難しいのですから、子どもがやりやすいように手助けしてあげましょう。

どうしたらいいの？

まず大事なことは、物を減らすことです。思い切って処分できるものはして、さらに、出ているものを減らしてみましょう。例えば、おもちゃを半分、袋に入れて天袋や納戸などにしまっておくのです。時々入れ替えると、おもちゃが新鮮に見えてよく遊ぶというメリットもあります。

先輩ママはどうしてた？

・ある時、あまりに子どもが散らかしたので、その様子を写真に撮って知人に見せたら大ウケ。以来、散らかしは "ネタ" となり、あまり気にならなくなりました。
・基本的にほとんど、私が片づけてしまっています。でも、できるだけ子どものいる時に片づけています。大人になった時に、その姿を思い出してやってくれれば……。

「片づけなさい」と言うよりも
片づけしやすい工夫が大事

脱いだら揃えなきゃダメ?

靴には靴のおうち、ボールにはボールのおうちを用意していたお母さんがいました。おうちといってもおおげさなものではなく、帰ってきたらポンとボールを入れるカゴがあり、靴を置くスペースが用意されているだけです。おもちゃも細かい分類ではなく、大きめのカゴや箱に入れるのもいいでしょう。

片づけよりも大事なことがある!

「家は片づかないものだ」と考えましょう。それが元気な子どものいる家の標準。そのことで落ち込んだり惨めな気持ちになる必要はないのです。そう思えば、子どもがひとつお片づけをできただけでもうれしくなります。お母さんに喜んでもらった子は、うれしくて次はもっと片づけるかもしれません。ニュージーランドに伝わる『今日』*という詩があります。いま、かけがえのないこの子をいつくしんでやれているのなら、それで大丈夫だよと語りかける言葉は、家事が回らなくても、子どもと過ごすことの大切さを伝えてくれます。

* 伊藤比呂美訳、下田昌克画『今日』(福音館書店、2013 年)

「危ないことばかりします」

「子どもは努力家で勉強家なのです」
やっていいことを用意しましょう。

子どもは自分の周りを探索することによって、世界を広げていきます。昨日までは届かなかった引き出しを開け、のぼれなかった棚にのぼろうとしたりするのです。自分自身の力を常に試し、これ、と思ったら失敗しても何度でも果敢に挑んでいきます。子どもは努力家で勉強家。「ダメ」と言うよりも、やっていいことを用意しましょう。危険なものは片づけ、ガードし、子どもが自由に動けるスペースを広げ、できるだけ外遊びに行きましょう。

どうしたらいいの？

危ないもの、渡したくないものは、見えないところ、届かないところに片づけておきましょう。子どもが自分で出し入れできるように、おもちゃや絵本、身の回りのものを配置しましょう。探索用の引き出しを用意し、時々中身を入れ替えていたお母さんもいました。室内でも段ボールひとつで、出たり入ったり、トンネルにしてくぐったりの工夫も。

先輩ママはどうしてた？

・ベランダに台になるようなものは置かないとか、命にかかわること、大ケガの元になるようなことだけは気を配っていました。
・うちは超やんちゃな男の子。家の中ではとてもみきれないから、いつもママ友と連れ立って、外で遊ばせていました。

どうして高いところにばかりのぼりたがるの？

寝返りをして、ハイハイをして、つかまり立ちをしたように、それがいまの発達課題なのです。のぼらずにはいられないのです。安全な場所でたっぷり遊ばせましょう。力を持て余していると、テレビにのぼりたくなるかもしれません。

ヒント

子どもの視界

子どもが危険な行動をしてしまう背景のひとつに子どもの視界があります。子どもの視界は、大人と比べて格段に狭いのです。インターネットで「チャイルドビジョン」と検索すると、紙に印刷して使える幼児視界体験メガネがダウンロードできるので、試しに作って、かけてみてはどうでしょうか。

活発すぎて手に負えません

お母さんがひとりで子どもを見守っていると、危険で心配で仕方ないことが、どんどん増えてしまうこともあります。園庭開放やプレイパークに出かけてみましょう。多くの子どもたちが探索活動をしてきた場に行くと、わが子はこのくらいまでだったらやってもいいかなと考えるヒントがもらえるかもしれません。他の子と比較して、無理にやらせたりはしないでくださいね。

「へんな癖が直りません」

「癖は大事な準備期間」
無理にやめさせないで。

「3歳代は人生の中で一番くせが多い時期」[1]で、「自分の身体のいろんなデコボコのところを、自分の手でいろいろさわりまわるというクセがどの子にもでてくる」[2]のだそうです。指しゃぶり、鼻ほじり、爪かみは癖の代表選手でしょう。親にしてみれば、1〜2歳なら仕方がないと見逃していた指しゃぶりや鼻ほじりも、そろそろやめさせたいと思う頃ではないでしょうか。でも、この「癖」は大切な意味があると発達の専門家の間では考えられています。自分を落ち着かせながら次の成長への準備をしている姿です。ジャンプをする前の助走期間と思って見守ってください。

[1] 秋葉英則・白石恵理子監修、大阪保育研究所編 『シリーズ◎子どもと保育 3歳児』(かもがわ出版、2003年)
[2] 田中昌人著 『子どもの発達と健康教育②』(かもがわ出版、1988年)

【鼻をほじる子】

どうしたらいいの？

癖の手は自分の内側に入っていきます。まだ自信のない時に、落ち着くのでしょう。そんなふうにしながら一休みして、でも目はちゃんと周りを見ています。自分のタイミングで動き出す時、自信を持って（非認知能力の情動の制御）自分から他者に働きかけていきます（非認知能力の他者との協働、思いやりや社交性）。

先輩ママはどうしてた？

・私自身も爪を噛む癖があるせいか、「大人になるまでやめられないんじゃないか」と気になって気になって……。でも、いつの間にかやらなくなっていました。
・することがなくてボーッとしている時に、癖が出るもののようなので、遊びなど、他のことに気を向けるように声かけしていました。

どんな時に癖が出る？
よく見て、気持ちを他に向けてあげて

【爪を噛む】

癖を注意する前に、できることをほめる

いまできていることを、ほめましょう。成長につれて子どもはよく周囲が見えるようになり、気後れすることがあります。そんな時、ちょっと自信がなくなるものです。そんな時に癖のことを注意されたり、できないことを指摘されるとつらいものです。まったく関係のないことでも、ささいなことでもいいのです、できていることを認めてもらえれば自己肯定感が育まれます。

【指しゃぶり】

ボ
〜
〜
〜
〜
〜
〜
〜
ッ

ここでもやっぱり「生活リズム」の見直しから

ずーっと指しゃぶり——。そんな時間があまりに長いようでしたら、気になりますね。生活リズムは乱れていないでしょうか。よく食べ、よく眠れていますか。子どもが忙しすぎてはいませんか。エネルギーの充電中なのかもしれません。癖をやめさせるより、生活リズムの見直しです。ただ退屈して手持ち無沙汰なようでしたら、一緒に絵本を読んだり、遊びに誘ったり声かけしてあげるといいでしょう。

「トイレがうまくできません」

「あせらず、あわてず!」
怒ったら逆効果。気長に見守りましょう。

外国旅行で、いつもと違うトイレに遭遇して、戸惑った経験はありませんか? 大人でも、突然、別の様式で用を足せと言われたら、難しいものです。まして、おむつからトイレへ——。これは、ものすごい変化ですよね。トイレに限らず、子どもにとって新しい習慣を身につけることは、一大事なのです。その大変な時に厳しく強く怒られたらどうでしょう? せかされたらどうでしょう? 優しく説明してくれて、新しいやり方は大変よね、と理解してもらえたら安心ですよね。

バスの中で我慢できたの、えらいねー

どうしたらいいの?

バスをおりるまでは我慢できているのです。まずは、それをほめてあげましょう。発達は「ここまでできている」「次に何ができるか」の繰り返しです。次にできることは何か、作戦を立てましょう。そして、まず観察。おうち以外のトイレでも行けているか、おうちではもうトイレの心配はないか、自分から行くか。園にも相談してみましょう。園のトイレには行けているのか、バスに乗る前に行くか、緊張の連続でとてもトイレになんか行けないのか……。思わぬ子どもの姿が見えてくるかもしれません。

昼間のトイレトレーニングと
夜のおねしょ。
どっちも親には大問題!

 ヒント

お気に入りのパンツ

おしっこはトイレでできても、うんちだけはおむつじゃなきゃできない、という子もよくいます。うんちが体を離れる感覚が、落ち着かないという子もいます。新しい習慣を受け入れやすいよう、楽しい工夫をしてあげましょう。〝お兄さんパンツ〟や〝お姉さんパンツ〟を子どもに選ばせて買ってあげたり、トイレでうんちにチャレンジできたら好きなシールをひとつ貼ってあげたり……。たとえ、失敗してもいいのです。チャレンジする気持ちを、思い切りほめてあげましょう。

止まらない夜のおねしょ、
いつまで放っておいていいの?

昼間のトイレと夜のおねしょは別問題です。本人の意思とはまったく関係ありません。叱らず、あわてず、夕食は早めに、食事は薄味にしてみましょう。5歳でおねしょをする子は多くいます。心配な場合は専門外来に相談してみてもいいでしょう。

トイレトレーニング　5つのポイント

❶ トイレトレーニングのスタートは、2歳前後が目安と言われます。子どもが自分の思いを口にできる頃が始める時期、また、おしっこの間隔が2時間以上あく頃がスタート時期と言われます。個人差もあるため、早ければよいというわけでもありません。季節は、脱いだり着たりの負担が少ない薄着の夏場がふさわしいと言われています。

❷ まずは子どもにトイレに興味を持ってもらいましょう。トイレに関する絵本などを用いてもよいと思います。トイレに興味を持ち始めたら、誘ってみましょう。トイレに好きなキャラクターの写真などを貼っておいてもいいですね。まずは親しみを持ってもらいたいので、最初は無理に座らなくてもいいと思います。

❸ おまるを使うか、補助便座を使うかは、その子や家庭環境にもよります。比較的、小さい年齢であれば、トイレに入るという抵抗のないおまるからスタートしてもよいかもしれません。トイレに入ることに抵抗感がなければ、補助便座でもよいでしょう。

❹ 声をかけるタイミングは、寝起きや就寝前、食事の前や後、お出かけ前などがよいと思います。上手にできたら、「おしっこ（うんち）出たね」などと確認してみましょう。成功体験を繰り返す中で、自分から「トイレ行く」という言葉が次第に出てきます。失敗しても「頑張ったね」と声をかけたり、出なくても「座れて偉かったね」とほめてあげましょう。

❺ トレーニングパンツも有効です。トイレを成功することが時々出てきたら、おむつからトレーニングパンツに替えるとよいでしょう。おむつと違い、ぬれた感覚や、気持ち悪さを感じるので、トイレに行こうという気持ちが芽生え始めます。トイレトレーニングは失敗を繰り返します。大切なことは、親がイライラしないことです。子どものイヤイヤ期とも重なるので、無理なく始める時期を見極めることも重要です。

「しつけない」しつけ

②

「人とのかかわり」

編

「毎日、兄弟げんかばかりです」

「親が裁判官にならないで」
大事なことは、それぞれの子にたっぷり愛情を注ぐことです。

ひとつ屋根の下に幼い子が複数人暮していれば、トラブルはつきもの。力関係も出てくるでしょう。しかも、兄弟姉妹は親の愛をかけた「ライバル同士」になりがち。争いが絶えないのも仕方のないこととわかっていても、親としてはつらいものです。けれども、年齢が上になると、けんかのかたちも変化します。仲がよく見えなくて心配な時もあるとは思いますが、「仲よくしなさい」と言うよりも、それぞれの子をかわいがり、家族の記念日を一緒に祝うことが効果があります。

どんな意味があるの？

「非認知能力」という観点から見てみれば、けんかも含めて兄弟間のやりとりは、自分の思いと他者との調整、主張し、失敗し、折り合ってという繰り返し。自分の気持ちをコントロールするためのトレーニングにもなっているのです。

先輩ママはどうしてた？

・どうやらお腹が空いていると、けんかが起きやすいみたい。
　なので、けんかが始まったらおやつにしたり、なんてこともよくしてます。
・状況からどちらが悪いかわかっていても、できるだけ口を出さないように……、
　が理想ですが、ついつい口出ししてしまいます。
・疲れているとけんかが多いので、できるだけ早く寝かせるようにしていました。

どっちが悪いのかわかりません

親が裁判官になって白黒つけると、どちらかの子どもに納得いかない思いが残ります。解決しなくていいのです。危険な時だけ間に入り、暴力ではなく言葉で自分の思いを主張し、相手の主張を聞く、という練習を助けましょう。その主張に正誤の判断をせず、言葉で主張できたことを認めましょう。それぞれの子が自分の思いをしっかり聞いてもらえることが大切です。10回かに1回でも、気持ちを言葉によって説明し受け止めてもらえる体験ができると、子どもは学習していくのです。

ヒント

マイスペース

けんかは当たり前。とはいっても、生活の場で常に兄弟げんかが起きる状況は、本人たちにとっても家族にとってもつらいこと。けんかを減らす工夫も時には効果的です。例えば、それぞれのスペースを確保すること。狭くてもいいのです、自分だけの自由にできる場が守られていることは、気持ちを立て直す役にも立ちます。

「上の子(下の子)の扱いが難しいです」

「誰もがひとりの個人です」
先入観を持たないで、一人ひとり向き合えたらいいですね。

「お父さん」「お母さん」「お兄ちゃん」「お姉ちゃん」――。日本では、家族の中で一番年少の子の目線でお互いを呼ぶことがありますね。生まれ順による役割意識の影響が強いのかもしれません。上の子はいつも年長者らしい振る舞いを求められ、下の子は「弟」「妹」という地位に甘んじるなどということがあるかもしれません。兄弟のどちらかが損をしているように思えたりして、親として何とかしなくてはと思うこともあるでしょう。「優しいお姉ちゃん」「かわいい妹」のような先入観を持たずに、子ども一人ひとりと向き合うことが大事です。誰もが上の子、下の子、ひとりっ子である前に、ひとりの個人なのです。

どんな意味があるの?

時々ずるをしたり、威張ったり、兄弟内で敵味方に分かれたり……、子どもたちはいま、試行錯誤で人間関係を学んでいるところなのです。できるだけ、放っておくのがいいでしょう。でも、兄弟関係が固定してしまうと、いつも割を食う子が出てしまいがち。別々の時間帯の習いごとをするなど、兄弟が離れる時間を作ることも大事です。いとこやお友だちなど、兄弟以外のメンバーを入れて遊ぶのもいいですね。

先輩ママはどうしてた?

・一年に一度、誕生日の前後には必ず、その子とふたりでお出かけをすることにしています。買い物や食事、それぞれの子の希望を聞いて楽しい一日を過ごすと、親子ともに気持ちが晴れるのでおすすめです。
・自分が末っ子のせいか、ついつい、末っ子の気持ちにばかり寄り添ってしまいます。だから、「お兄ちゃんだから」をNGワードに、お兄ちゃんの気持ちを理解しようと努めています。

兄弟で一緒に過ごすって楽しい！
そう思えるように手助けを

ヒント

「ごめんね」より「ありがとう」

何人兄弟がいても、何歳になっても、パパやママをひとり占めにしたいもの。一人ひとりとの時間を大切にすると同時に、一緒に過ごすことが喜びになるように手助けをしてあげてください。イラストのような時、お兄ちゃんと赤ちゃんをかかわらせ「赤ちゃんといないいないばあをしてくれたから、赤ちゃんも喜んだし、お姉ちゃんのお手伝いもしてあげられて、お母さんとっても助かったわ、ありがとう」。そんなふうにお礼を言う方法もあります。

＼おにいちゃんが〜／

どうしたらいいの？

『ピーターのいす』*という絵本があります。赤ちゃんが生まれるので、ピーターは家族の中で一番小さい人ではなくなります。ピーターは葛藤しますが、赤ちゃんのいすを手放し、大きないすを手に入れます。少し大きい新しい自分になったのです。兄弟は親の愛を奪い合う存在ではなく、互いに愛し合ったり成長し合える存在です。けんかの仲裁をするよりも、互いの気持ちを代弁してあげてください。例えば、ひとつのものを取り合っていたら「お兄ちゃんが持っているものが素敵に見えるのね、お兄ちゃんが大好きなのね」「いま使っているんだって、こっちならどうかな」。

*エズラ=ジャック=キーツ著、木島始訳『ピーターのいす』（偕成社、1969年）

ひとりっ子はかわいそうかな？

ひとりっ子はかわいそうかもしれない──。寂しそうに見えたり、不憫に思ったり、将来が不安と心配になったり、親として何とかしなくてはと思うこともあるかもしれません。とりわけ、親自身が兄弟に囲まれて育っている場合に、そのように思うことが多いようです。けれども、集団での活動が必要な頃にちゃんと園生活が始まります。育児サークルに入ったり、子育てひろばのような就学前の子どもの集まる場所に出かけてもいいでしょう。ひとりっ子にはひとりっ子のよさがあります。おおらかに見守りましょう。

ほめ方・叱り方

ほめ方

ネット上には、子どもは「（シャワーのように）ほめて、ほめて、育てましょう」と書いてあったりします。でも、ずっとほめているのも、大げさにほめるのも、とても不自然ですし、親としては疲れるし、大変なものです。そもそも、子どもも「ほめられている」という実感も持てなそうです。おそらく、もっと自然体でよいのだと思います。例えば、「ジャンプできた」など、子ども自身が何か手ごたえがあった時に、「すごいね」「よかったね」などその子の喜びを一緒に喜ぶような「共感する」ことが大切なのだと思います。だから、子どもは「（自分の頑張りを）認めてもらえた」と実感を持つのです。子どもがうまくいかなかった場合にも、「頑張ったの見てたよ、よく頑張ったね」と声をかけることが、自信にもつながるのだと思います。

叱り方

「ほめる」と「叱る」をバランスよくしつけないと、と思っている方も少なくないかもしれません。でも、2歳くらいまでの子どもに叱っても、あまり意味がわからないので「大好きなパパ（ママ）から怒られた（否定された）」という感じが残るだけで効果がありません。第1部（21ページ）で述べた「支援的な子育て」で、その子の気持ちが切り替わるような提案などをするほうが効果的です（取り合いをしている時に、「ダメ」ではなく、「こっちのおもちゃのほうが楽しいと思うよ」など）。でも、危険が伴う場合は、真剣な表情で目を見て「ダメ」と言葉で伝えるとよいでしょう（子どもは大好きな人の表情から感情を読み取ります）。また、「ダメ」という言葉もよく言いがちですが、「パパ（ママ）はそれしてほしくない」と簡潔な言葉と真剣な表情で伝えるほうが効果的です。感情的になることもあると思いますが、手を出したり、その子を傷つけるような言葉（○○ちゃんなんか嫌いだよ）などは避けましょう。

困りごと3 「お友だちとのトラブルが心配です」

「お友だちとの関係は始まったばかり」
お友だちに関心を持つこと、つながろうとする気持ちを応援してあげましょう。

お友だちとの関係は始まったばかり。うまくいかないのは当然です。お友だちに関心を持つこと、つながろうとする気持ちを応援したいものです。2歳児はおもちゃの貸し借りは上手にできません。3歳くらいになると、後で返してもらえることや、自分のいすに人が座っても自分の居場所がなくなってしまうわけではないことがだんだんわかってきます。無理に貸し借りをさせるより、「これは○○ちゃんの分」と確保してあげたり、トラブルになる前に隠してしまうのもひとつの方法です。「自分」を確保してもらえると、他の人に分けることができる時もあります。4〜5歳は仲間関係ができてくる時です。今度は「自分」ではなくて「自分たち」に夢中になる時です。無理に仲間関係を解体しようとすると必死に抵抗します。「自分たち」を確保してもらえると、周りへ優しくなったりもします。

どんな意味があるの？

「魔の2歳児」なんていう言葉がありますが、それぞれの自我が拡大する時期、トラブルも激しく大きくなります。こんな時期は、キャラクターなど固定した遊具が限られた数しかない場所より、広い外やいろいろな遊び方ができる遊具がおすすめです。縄跳びの縄で電車ごっこなどいいですね。

先輩ママはどうしてた？

・当初は、お友だちと上手に遊べなくて心配しましたが、幼稚園に入ったらちゃんと仲よしの子ができました。
・子ども同士の揉めごとは多かったですが、できるだけ子ども同士に任せていました。お互い様なので、ママ友とも大きな問題はなし。でも、ケガをさせてしまった時だけは菓子折を持って謝りに行きました。

どうしてお友だちと一緒に
遊びたがらないの?

お友だちとの関係は、年齢によって変化していくものですが、段階の辿り方は一人ひとり違うものです。じっくり見てから参加する子もいます。じっくり確認してよいのです。無理に遊ばせようとせず、温かく見守ってあげましょう。

仲間外れにされちゃったみたい

気にしないこと、深追いしないのがおすすめです。○○ちゃんだから、入れたくないのではないのです。「仲よし」「私たち一緒だもんね」と「自分たち」でいることがうれしくて夢中なのです。「みんなで遊びなさい」と頭ごなしに仲間関係に介入するより、放っておいて、仲間外れにされてしまった子が楽しい時間が過ごせるように工夫するほうがよいでしょう。うまくすると、今度は向こうから「入れて」と来るかもしれません。

「人見知りです」

「慎重なのはよいことです」
人見知りは大事な発達の一段階です。

赤ちゃんの人見知りが始まると、他の人にちょっと抱っこされただけで、火がついたように泣き出し、ママのほうに体を向けてこの世の終わりのように助けを求めます。ママは片時も休ませてもらえない、大変な時期ですね。でも「人見知り」は子どもの大切な発達です。知っている人と知らない人、安心できる人とできない人の区別がしっかりつく——。それはとても大事なことです。安心できる人や場所が確保されていれば、自分からだんだんと知らない人や場所も安心できるものへと変えていくはず。ママに隠れて、ちらっと様子を見たりしていませんか？　そうしたことを何度も繰り返すうちに、少しずつ距離が近づいていくでしょう。

どうしたらいいの？

人見知りの時期がほとんどない子もいれば、いつまでも続く子もいます。いつまでも続く場合、どうにか新しい場所に慣れさせようとするよりは、あせらず安心できる場所を確保することがより必要です。日常生活がいつも刺激たっぷりで、新しいことの連続では落ち着きません。生活習慣が守られ、安心できる日常の中で自分のペースで新しいことに出会っていきます。

先輩ママはどうしてた？

・ものすごい人見知りで、ママ友の家で集まっても、うちの子だけはいつも私の膝の上……。トホホでしたが、いまとなってはいい思い出です。
・無理に新しい場所に行っても大変なだけ、と割り切って、いつもの場所、いつものメンバーで遊ぶように心がけていました。中学生になったいまも、割と人見知りですが、お友だちもいて、自分なりに人とのかかわり方を身につけているようです。

挨拶ができなくて心配

成長の過程で慎重になる時期、挨拶のできない時期があります。このような時期に「挨拶ができない子」と親がレッテルを貼ってしまうと、子どもも苦手意識を持ってしまいます。大人同士が挨拶し「いまは恥ずかしいみたいで、すみません」と軽く流してしまうのはどうでしょう。

ママーー！

いっちゃやだー

人見知りのわが子。置いて出かけなくちゃいけないけど……

子どもにきちんと声かけしてから出かけましょう。まだ言葉が理解できず、時計がわからなくても、どこに行っていつ帰ってくるか伝えましょう。その時は泣かれても、「ママはお出かけしても帰ってくる」ということがだんだん理解できるようになってきます。

「すぐに大騒ぎします」

「言いたいことを伝えられる。立派です」
あとは伝え方の問題。少しずつ教えてあげましょう。

言いたいことをちゃんと持っていて、それを一生懸命に伝えているのです、言い方はまだ未熟だけれど、立派です。これから、大きい声を出して騒いだから要求が通るわけではない、どんなふうに自分の思いを伝えたらいいのか学習してもらわなければなりません。何が言いたいのかよく観察して、こんなふうに伝えるといいんだよと教えてあげてください。また、大きい声を出す前に、その子なりに表現していることも多くあります。聞いてもらえなくて大きい声を出したら、やっと親が振り向いてくれた、というのも日常生活では多いのではないでしょうか。大きい声を出した時に怒るよりも、大きい声を出さないで伝えた時にほめるほうが効果があります。

どうしたらいいの？

「突然」怒るわけではないのです。本人なりに理由があります。いまは親のほうが強い立場なので押さえ込むことができますが、キーッと泣いた子にガーッと怒っては、大人もかんしゃくを起こしているようなものです。それでは子どもは「自分の要求を表現する」という学習ができません。学習の手助けをしてあげてください。

先輩ママはどうしてた？
・かんしゃく持ちで、大変でした。始まると何をしてもダメなので、ただ終わるのを待つだけ。でも、3歳を過ぎた頃には収まっていましたよ。
・電車に乗るといつも大騒ぎ。周りに人が多くて困る時は、スマホで好きな動画を見せてなんとかしのいでいました。

子どもの用事も

スーパーマーケットで大人は多くの用事があります。でも一緒に行くなら、子どものことも考えなければいけません。「スーパーは大人の場所、お買い物が終わったら公園に行こうね」と約束するのもひとつの手。最近は子ども用の小さな買い物カゴを用意してくれているお店もあるので、お手伝いしてもらったり、あるいはひとつだけ好きなものを買ってあげたら、子どもも楽しい時間が過ごせます。生協などの宅配サービスを使って、スーパーでの買い物を短時間で済ませるのもいいでしょう。

電車で大騒ぎ!!
どうしたらいいの?

うれしくなってしまったのでしょうか。大人は声のトーンを小さくして、声が大きいことを伝えてあげましょう。声が大きいままでは電車に乗れないこと、もし声が大きいままなら一旦おりて落ち着こうかと提案しましょう。それでも大きいままなら、本当におりてしまいましょう。子どもは親の様子を見て駆け引きをしたりするものです。

「たたく、噛みつく……乱暴で困ります」

「いろんな気持ちが隠れています」
「必死」だったり「加減がわからない」こともあります。

周りのみんなを泣かせてしまう子、「来た!」とつい周囲が身構えてしまう子……、親としてはいたたまれない気持ちですね。同じように乱暴に見えても、その原因は多様です。例えば必死な子。体が小さくて、取られるばかりだった子が噛みつきだして最強になることがあります。一方、お友だちのことが大好きで悪気はないのですが、力の加減がわからないために悲しい結末となる子もいます。どの子も仲間関係の初心者です。自分の気持ちをどう伝えるか、相手の気持ちをどう受け止めるか、通訳をしながら手助けしてあげてください。

「必死」な子には……

自分の場を守るために必死なのです。安心感を持てるようにしてあげることが必要です。狭い場所に子どもが大勢なのに、おもちゃが少なすぎたり、逆に多すぎたりすると噛みつきが増えるようです。どんな場所ならわが子は落ち着いて遊べるか、叱るよりも環境設定です。

あそぼーぜ

ヒント

「加減を知らない」子には……

加減を知らないだけで、「遊びたい」「友だち大好き」という気持ちでいっぱいの素敵な子です。生活の中で「やさしく」「そっと」「ふわーっと」「しゅっと」など力の加減を意識するように言葉をかけてみましょう。ボール遊びをしながらでもいいのです。また、相手の気持ちに思いが至るように、「急にドンッてされたら、お母さんびっくりしちゃった」など、「気持ち」を話題にしましょう。さらに「このくらいなら、うれしいな」とちょうどいい加減を伝えてあげましょう。

生き物にやさしくしてほしいけど……

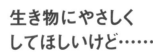

先輩ママはどうしてた？

・「お母さんがネコだったら、怖くてすごく悲しい」と言ったら、やらなくなりました。
・エネルギーを持て余していると感じたので、公園で追いかけっこをしました。
・猫じゃらしを使って、ネコとの楽しいつき合い方を教えました。

それって「甘やかし」?

どこまで「甘やかし」ていいか?

　子どもの成長には、「甘え」が大切であることは多くの方は理解しています。しかし、「どこまで」甘えさせていいのかは、子育てをしていて、誰もが悩む問題です。

　例えば、自分でできるのに、何でも「やって」と言ってきたりすることがあります。保育園では自分のことは自分でやっているのに、家ではすぐに「やって」「できない」と言って、それに応じないとぐずったりすることもあります。いつも親がやってあげてしまうことは、自分で何もできない「甘ったれ」の子どもになってしまうのではないかと思うものです。「甘え」と「甘やかし」の境界線がどこにあるのかは、大きなテーマでしょう。

「甘え」は自立を育むもの

　子どもは自分の信頼できる人に「甘え」を出すものです。保育園でできるのに、家庭では甘えて「やって」と言うのは、親を信頼しているからです。園は社会です。親も職場という社会では家庭とは違い、なかなか「甘え」は出しにくいですよね。子どもは園という社会でよく頑張っているのです。だから、家庭で親にわざわざできることをやってもらうなど、「甘える」姿が出てくるのです。それは、親とコミュニケーションしたいという思いでもあると思います。

　そこでしっかり「甘える」ことができた子は、次に自分でやろうという自立に向かうものです。今度、ぜひ、お子さんを見てください。いっぱい甘えた後は、何かに夢中で取り組んでいることが多いですから。つまり、「甘え」を通して、子どもはしっかりとした安全基地をつくり、それがその子の自立につながるのです。ですから、親がそれを受け入

れる余裕があるのであれば（親の都合も大切）、「やって」を受け入れてもよいのだと思います。

逆に「甘やかし」とは、子どもが自分でしようとしているのに親がなんでも先回りしてしてしまうことです。それは、子どもの自立を阻むことになります。親としては、子どものことが心配で、つい先回りしてしまうことも多くなりがちなので、そこは注意が必要です。

時にはNOという「支援的なかかわり」も大切

けれども、子どもの要求をすべて受け入れることはありません。時には、それを受け入れるのではなく、「じゃあ、こうしてみる?」という提案をしてもよいでしょう。スーパーで「買って、買って」と泣き叫ぶ子どもに対して、その気持ちをしっかりと受け止めたうえで、「おうちに帰って、ポンポンポンってポップコーン作ろうか」と言って、買わずにお店から出るというかかわりです。それで、気持ちが切り替えられたら、それは立派なことです。こうしたかかわりは、第1部で述べた「支援的な子育て」にあたりますね（21ページ）。

また、親をたたくことがあった時には、「それは痛いからやめてほしい」と真剣にNOと伝えることも必要です。親であってもたたかれることは嫌なことです。もちろん、親をたたくのは、園でのストレスや嫌な思いの表現であることもあるでしょう。そのことに対しては、「○○が嫌だったんだよね」とその子の思いを受け止めてあげつつ、「今度はそのこと、ママに言葉で言ってね。ママ、ちゃんと○○ちゃんの味方になるから」などと伝えてもよいと思います。逆に、「それ、どれくらい痛いか、○○ちゃんをたたいてみようか」ということは、「やられたら、やり返せ」、と暴力に訴えるのも仕方がないことと子どもに伝えているようなものですから、避けたいですね。

「嘘をつきます」

「嘘か本当かにこだわらないで」
子どもの言おうとしていることに耳を傾けてみましょう。

幼い子どもたちの話には空想と現実、願望と未熟な表現が混在し、大人が驚くようなことを言い出すことがあります。嘘か本当かに大人がこだわっていると、豊かな空想の世界をつぶしてしまったり、子どもが本当に言いたかったことを聞き逃してしまったりします。嘘を言わないように見張っていなくても大丈夫です。嘘を追及すると、もっと上手に嘘をつくようになるかもしれません。「子どもはおかしなことを言うなあ」と安心して子どもの話に耳を傾けてください。

どんな意味があるの？

嘘ではなく、現実にとらわれない子どもにとっての、ひとつの豊かな真実です。いましか教えてもらえない大事なお話です。どこの絵本にも書いていない、ここでしか聞けない物語です。その豊かな世界を持っていたことが、大人になっても助けになったり自信になったりするのです。

くまちゃんとおしろにいったんだよ

先輩ママはどうしてた？

・子どもの妄想には、全身全霊、徹底的につき合いました。
　いま思い出しても、あんなおもしろいことはなかったです。
・どうやら空想のお友だちがいるみたい。
　でも、パパとママには内緒のようなので、
　知らないふりをしていました。

\ まだごはん
たべてないよ /

さっき食べたはずなのに??

ごはんを食べてからおばあちゃんちに送っていったのに、「まだ食べてない」と言っておばあちゃんにあれこれ世話を焼いてもらう。後から聞いて、お母さんはびっくり、なんてこともよく聞くことです。嘘か本当かにこだわらないことです。心のごちそうが欲しかったのかもしれません。あわててごはんの用意をする必要はないでしょう。おやつでも食べながら、ゆっくり一緒に過ごす時間を増やしてみてはどうでしょう。

壊したのは
多分この子なんだけど……

新沢(しんざわ)としひこさん作詞作曲の「カッパがわらう」（アルバム「たいせつなたからもの」収録）という曲があります。おやつを食べてしまったのも、花瓶を割ってしまったのも、おねしょもカッパのせい。「カッパがわった　カッパのせいだ　ほんとだもん　ほんとだもん　わたしじゃないもん」という歌です。その気持ち、大人だってわかりますよね。「タマのせい」と言った時、「そう、タマはケガしなかったかしら。タマ、びっくりしたねえ、大丈夫だった?」とタマを抱きしめ撫でてみてはどうでしょう。次は、「僕が割った」と言いたくなるかもしれません。

\ タマが
わったん
だよ /

「〈パパきらい〉と言われます」

「〈きらい〉を言葉通りに受け止めないで」
親に「きらい」と言えるのは幸せな子どもです。

「パパなんて大きらい！」「ママなんてきらいだ！」──。そんなことを言われたら、親としては困ります。本当に悲しいですね。それでも、あまり気にしないことです。「きらい」と親に思いきり言える子は幸せな子です。親が怒るようなことを叫んでも、嫌われるわけでも、仕返しをされるわけでもない。自分の身に危険が及ばず、責任をとらなければいけないわけでもない。「大きらい」と言っても愛してもらえる、幸せな子です。

どんな意味があるの？

「きらい」と大声でぶつけてくることで、子どもは何を表現しようとしているのでしょう。大人だって、自分の思いをちゃんと伝えることは難しいですよね。まして、まだ語彙が少なく、表現力も未熟な小さな子どもです。「私の言うことを聞いて」「わかってくれないのは嫌」「いつも通りママにやってもらわないと落ち着かない」「疲れちゃって甘えたい」「不安」「こんなつもりじゃなかった」「もうわけがわかんない」……、いろんな気持ちが隠れています。一番身近な人に、「とっても嫌な気分なの！」と訴えているのです。ラブコールだと思って、聞き流してください。

プイッ

＼パパやだ！＼

先輩ママはどうしてた？

・「きらい」と言われたら、「お母さんは大好き！！」とチュー攻撃をしていたら、いつしかそんな遊びに変わっていました。
・パパのことを「きらい」と言うので困っていた時期があったのですが、そういえば、いつの間にか言わなくなっていました。一時のわがままだと思って、聞き流すのがいちばん！

本当に嫌われちゃったの!?

もっともよくないのは、「きらい」を
言葉通りに受け止めて、子どもに
好かれようとすることです。自分が
好かれるために子どものご機嫌を
とり、大人同士に対立が生まれる
こともあります。子どもが大人を操
作するようにもなります。「でもママ
は○○ちゃんのこと、だーいすき」
と言って、あとは放っておくのがい
いかもしれません。

ママ
きらい
！

ガ〜ン

汚い言葉、悪い言葉ばかり。
どうしたらいいの?

悪い言葉、汚い言葉を使いたがる時期があ
ります。おもしろい、ちょっとかっこいいと思っ
ている節もあります。口答えをするようにもな
ります。「汚い言葉、ママは嫌だな」とか軽
く伝えて後は放っておきましょう。そのうち言
わなくなるものです。言葉の一つ一つに反
応するのではなく、大きくなりたい気持ちに
応えて何かを任せてみたり、新しい言葉に
も出会わせましょう。ことば遊びや歌やなぞ
なぞなど、楽しみが広がる時期でもあります*。

* 谷川俊太郎詩『ことばあそびうた』（福音館書店、1973年）など

ばかばか
！

うんち

パパの子育て・家事

パパが子育て・家事に積極的であることの意義

　昭和の時代は、子育てや家事はママの仕事のように考えられてきました。でも、いまは違います。現代では、子育てや家事のほとんどは、男性も同じようにできるし、そのように協力・分担をすることが、❶パートナー（妻）にとって、❷子どもにとって、❸パパ自身にとって、よいと考えられているのです。

❶ パパが子育て・家事に積極的であることは、妻（ママ）のQOL（生活の質）を上げると言われています。それは当然ですよね。妻の満足感が高ければ、夫婦関係、家族関係、子どもの成長にプラスの効果があるとも考えられます。ある調査では、パパが子育てや家事に積極的であったかどうかで、第1子の誕生前と誕生後でママのパパへの愛情に影響を与えることが示されています。

❷ パパが子育てや家事に積極的であることは、子どものコミュニケーション力や社会性の発達にプラスの効果があるとも言われています。かつては、パパの出番は子どもがある程度大きくなってからと言われていましたが、いまは産前産後からのかかわりが重要と言われています。

❸ パパが子育てや家事に積極的だと妻や子どもの満足感にもプラスなのですから、当然、家族関係の良好さにつながり、パパ自身のメリットも大きいですよね。さらに、家族の中でのパパの存在感が増すのですから、みんなから信頼されます。それに、家族を大事にすれば、ワークライフバランスを意識するようになるので、働き方の見直しにつながり、効率的な働き方（だらだら働くのではなく）にもつながり、仕事にもプラスになりえます。

パパの子育て・家事の実際

夫婦のコミュニケーションから

　パパが子育て・家事を積極的に行うことはとても大切なことがわかりました。では、何から始めればよいでしょう。そのためには、無理してイクメンを気取るよりも、まずはパートナー（妻）と話をすることから始めるのはいかがでしょう。ママたちに話をすると、「まずは自分のことは自分でちゃんとやって」というところから始まるかもしれません。パパとママの働き方によっても違ってくるので、パパの理想のかかわり方があるのではなく、その家族に合ったオーダーメイドの子育て・家事分担でよいのだと思います。パパの仕事が忙しく、どうしてもママが子育てや家事の中心を担っている場合などは、毎日、「今日、どうだった？」とママの話をきちんと聞くことや、日頃から「ありがとう」と感謝を伝える姿勢が大切だとも言われます。家事分担も、話し合って決められるといいですね。

子どもとのかかわり

　子どもとのかかわりは、パパも当然、ママと同じようなかかわりができます。お風呂、歯みがき、トイレ、着替え、寝かしつけ、食事のサポートなど、日常的にできることがたくさんあるでしょう。子育ては毎日のことなので、日常的にかかわることが大切です。ママと役割分担をしてもよいと思います。週末しか時間がとれないパパもいるかもしれません。その場合は、「週末はパパが中心に」くらいでもよいと思います。時には、パパと子どもだけで一日お出かけなんてできるといいかもしれません。もちろん、お出かけの着替えなどパパだけでできるといいですね。時には、自然の場などに連れ出して他の家族とバーベキューをしたり、キャンプするのも楽しいですね。パパの出番もたくさんありそうです。子どもがいるからこそ、パパ自身が体験できる幸せがたくさんありますね。

「集団行動が苦手です」

「まずは〈自分のペース〉を作ることが大事」
そこから、「誰かと一緒」が楽しくなるのです。

集団行動ができるようになることを急がないでください。まず自分のペースができて、「誰か
と一緒」が楽しくなり、そこから「みんなと一緒」「力を合わせて」が喜びになります。そ
れは、大人になっても続く生涯学習です。誰かがおもしろそうなことをしていたら真似をしま
すか？　個別に声をかけると参加しますか？　仲よしの少人数のお友だちがいますか？　園
の一日の流れがわかっていて、お気に入りの活動にはしっかり参加していますか？　全部で
きないといけないわけではありません。その子のペースで、だんだんに周りの世界に出会っ
ていくのです。

どうしたらいいの？

見ているのは、周辺的参加といっ
て、しっかり参加していることです。
見て、学習して、やってみようか
なと思うかもしれません。見ること
が許されなければ、安心して学習
できません。一緒にゆっくり成長を
見守ってくれる園だといいですね。
理解が得られない時は、先生に伝
え子どもを守ってあげてください。

みてる
だけが
いい！

先輩ママはどうしてた？
・幼稚園の夏祭りの太鼓、うちの子は舞台に上がるのがどうしてもイヤ。
　でも、舞台の下なら大丈夫、ということで、うちの子だけ舞台の下でたたくことに。
　それを、みんなで温かく見守ってくれました。いい思い出です！
・集団行動が苦手で、授業中も座っていられない息子。生活指導の厳しい小学校時代は
　とても苦労しました。あまり大変なので、自由な校風の中学校を選んで入学したら、
　いまは落ち着きました。

大事な時にママにべったり。もっとしっかりして！

初めての場所は大人だって緊張しますよね。子どもにとって初めての幼稚園や保育園。子どもだってとっても緊張しているのです。「だらしないなあ」と思っても、そのことをとがめたりせずに、その気持ちに寄り添ってあげましょう。きちんとできることよりも、安心感をまず第一にしたいものです。

いつもひとりで虫に夢中。これでいいの??

虫に夢中、素敵なことですね。お友だちや他のことへの関心はどうでしょうか。周囲にまったく関心がないと周りから学ぶことが少なくなってしまいます。心配な時は園の先生、あるいは福祉保健センターなどに相談してみましょう。

園生活と家庭のしつけ

家庭と園が一緒に子育てをする時代

　現代では共働き家庭も増え、3歳未満から保育所などに通ったり、幼稚園の未満児保育を受ける子どもが増えました。そうすると、低年齢から家庭よりも園生活の時間が長くなる現状があります。そのため、かつては「しつけは家庭でやるのが当然」「母親の責任」と考えられていましたが、現代では園と家庭とが協力して子育てを行っていくという考え方に変わっているのです。もちろん、第一義的な責任は親にありますが、親だけが抱え込む時代ではないのです。これを、子育ての社会化（社会全体で子育てを支援する）と呼びます。

園の集団生活の大きなメリット

　両親にひとりっ子という「核家族」が一般化し、地域での同世代の子どもとのかかわりが少なくなった現代では、低年齢からの集団生活のメリットも大きいと言われています。例えば、食べ物の好き嫌いも、家庭の工夫だけで改善していくのは難しいですよね。でも、園の場合は、小さい頃から給食を食べます。しかも、野菜などのバラエティも豊かです。多くの子どもはそれを喜んで食べるようになります。そこには、〝群れ〟で育つことのよさがあるのです。

　乳幼児は集団で育つ中で、自分が苦手な食べ物があっても、好きな友だちや保育者がおいしそうに食べていると、「食べてみようかな」という気持ちになるものです。子どもは魅力的な他者を「真似る（模倣する）」ことで、自分の世界を広げていきます。家庭では親子1対1で向き合って「食べなさい」と言っても、そこには模倣の対象がいませんから、なかなか難しいのです。それは、食事だけではなく、着替えや、トイレなどのありとあらゆる生活習慣に関しても同じことが言えます。だから、しつけは群れの場である園と家庭で協力して行うことが、より効果的なのです。

「しつけない」しつけ

③

「育ちと学び」

編

困りごと1 「発達が心配です」

「悩みをひとりで抱えないで」
身近な信頼できる人に話してみましょう。

子育てをしていると、誰でも子どもの育ちで気になることがあるものです。いまほど、親が子どもの発達を気にしなければならない時代はありません。うちの子、言葉の育ちが遅いのではないか、落ち着きがないのではないか、こだわりが強いのではないかなど、心配になることがあるかもしれません。最近では、発達障害という言葉も身近なものとなり、ひとりでインターネットや本を見ていると、その特徴がわが子に当てはまるように思えるものです。そうであれば、ひとりで抱え込まずに、身近な信頼できる人に話してみたり、子どもの成長を一緒に見守ってくれる仲間を増やしましょう。地域には福祉保健センターなど身近で専門的な相談窓口もあります。

どうしたらいいの？

発達の専門家に相談することで、子どもが何が苦手で親はどうしたらよいのかを教えてもらうことができます。でも、どんなに新しい診断名がついたとしても、別の子どもに変わってしまったわけではなくお腹にいた時と変わらない、ずっと一緒に過ごしてきたあなたのおうちの○○ちゃんです。専門家の知見を上手に利用し、子育ての力としてください。

先輩ママはどうしてた？

・自分が背が低いので、それが息子に遺伝したのではとすごく心配でした。高校生のいまも息子は小柄ですが、本人は全然気にしていないようで、余計な心配だったと思います。
・小さな頃から、お友だちの顔を覚えるのが苦手。大きな問題はなかったので、なんとなく過ごしてしまいましたが、高校生の頃、発達障害のひとつと診断されました。
もう少し早く専門家に相談していればよかったです。

他の子より背が低いみたいだけど……

わが子が他の子より小さかったり、痩せていたりする。気になりますよね。母子手帳にのっている体重と身長のグラフを見つめて、一喜一憂なさる方もいるかもしれません。かわいい盛りを心配して過ごすのはつらいですね。体格の心配は専門家に任せてしまいませんか？定期的に健診を受け、お医者さんに相談していれば、残りの日は少し気が楽になるでしょう。

もしかして、目が合ってない？

現代は子育てのパートナーが少ない時代です。子だくさんで地域に根差して子育てしていた時代とは違います。子育てをしていて違和感があったら、ぜひ誰かとつながってください。一緒に成長を見守ってくれる応援団を増やしましょう。子育て支援の場、相談窓口は増えていて、あなたの身近にもあります。

「家庭学習は必要なの?」

「もちろん、必要です」
といっても、子どもたちは勝手に学んでいるでしょう。

歌ったり踊ったり、絵本を読んだり、ごはんを食べたり、お手伝いをしたり……。子どもにとって、生活のすべてが学びとなるでしょう。大人は生活の中で、物の名前を教え、一緒に考え、一緒に楽しみ、時にはお互いに苦労しながら、さまざまなことを子どもと行います。子どもたちはそこから多くを学びます。何よりも自分が生まれたこの世界が安全で安心で、楽しいことやもっと知りたいと思うようなことがたくさんあるところだ、と学んでいるのです。これこそ、すべての土台となる学習です。「これなあに?」「どうして?」子どもの探求心はとどまるところを知りません。この旺盛な学習意欲をつぶしてしまわないことが大切です。

ヒント

「お手伝い」

家庭学習といっても、何か特別な教材を用意したりする必要はありません。子どもと一緒に数を数えたり、半分こしてみたり、靴を履いたり、お出かけの用意をしたり、人数分のお皿を並べたり、カレンダーを見たり……、家には学びのもとがたくさんあります。国語も算数も理科も社会も、すべて生活の中にあります。

先輩ママはどうしてた?

・バレエにピアノ、塾……。毎日、忙しいほどに習いごとをさせていましたが、結局、自分の意思じゃなかったせいか、長続きせず。「これがやりたい」と言うまで待てばよかった。
・女の子だけど、小さい頃からサッカーひと筋。女の子らしい同級生と比べて、大丈夫かな、と心配したこともあったけど、中学生のいまも本人は頑張っているので、よかったです。

あの子は上手なのにどうして？

同じ年齢で、わが子よりも何かがとても上手な子がいると、驚いたり焦ったりしますね。その反対にわが子が上手だと誇らしく感じることもあるでしょう。よく観察してみてください。どの子もなんでも得意なわけではありません。わが子は何が得意かな、そして何が好きかな……、下手でも好きなことは大事です。旺盛な学習意欲をつぶさないように、子どもの好きなことについていってください。

上手なお絵描き、習ったらいいのに……

「やだー」とお返事できるのは立派ですね。教室に通って、いわゆる「習いごと」をすることだけが教育ではありません。家で描いた絵を、大切に飾りましょう。子どもの絵が飾ってある家は、幸せに包まれているようです。

やだー

家庭で学ぶ「遊び」のレシピ

最近は家庭学習をうたった立派な教材がたくさんありますが、家庭での学びに必要なのは、大人と一緒に、あるいは子どもだけで、「遊ぶ」こと。「遊ぶ」ことが最高の「学び」なのです（詳しくは拙著『非認知能力を育てる　あそびのレシピ』をご覧ください）。

❶「〈絵本〉を読む」

絵本一冊で誰でも
最高の先生になれる！

家で遊ぶといっても、何をしたらいいかわからない——。お父さん、お母さんからこんな相談をされることがあります。そんな時、まずおすすめするのが絵本。本を開くだけで、物語の世界へ連れていってくれる魔法のツールです。お膝の上でママの声を聞く——。それだけで安心感も得られ、子どもの情緒も落ち着きます。また、子どもが何かに興味を持ったら、一緒にそのことについての本を見てみるのもいいでしょう。絵本はいつも最高の先生になってくれます。

❷「〈ふれあう〉遊び」

ふれあうこと＝
大人が「そこにいる」こと

子どもにとって、ふれたりふれられたりすることは大切です。スキンシップを通して、その人との良好な関係を築きます。だから、たくさんスキンシップをしたいものです。きっと自分が「愛されている」という強い実感が残ると思います。

❸「〈お手伝い〉を遊びに」

家で役立つことが
自己肯定感を育む

少し大きくなって、「じぶんで！」「いやー！」が多くなってきた子どもには、家事の「お手伝い」がおすすめです。お掃除、野菜の下ごしらえ、お米とぎ……、なんでもいいのです。ぜひ、達成感を味わえるようなことをさせてあげましょう。家で役に立つということが、子どもの自己肯定感を育みます。

❹「〈自然〉と遊ぶ」

自然は発見の宝庫！ 外遊びで五感を鍛えよう

乳幼児期には、体を動かすことがとても大事です。どんどん、外へ行きましょう。自然の中で遊んでいる時、子どもは知らず知らずのうちに五感を研ぎ澄ませて、さまざまなことを学んでいるのです。葉っぱやお花、木の枝が最高のおもちゃ、最高の教科書になって、子どもたちを自然な学びへと導いてくれます。

困りごと3 「スマホやゲーム、与えていいの?」

「どちらも有力な助っ人です」
あとはどううまく利用するか、親のコーディネート力が必要です。

核家族が多く、地域社会とのつながりも希薄ないま、「遊んでおいで」と子どもをひとりで外に出せるような環境で子育てしている人はあまりいないと思います。そんな中、スマホやゲーム、テレビは子育ての有力な助っ人となるでしょう。けれども、その助っ人をどううまく利用していくか、という点においては、親のコーディネート力も必要となってきます。特にスマホは、大人が子ども時代にはなかったものなのに、いまの生活の中で大きな比重を占めています。どうつき合っていくか前例のない中で、何が子どもによいかを考えていきましょう。

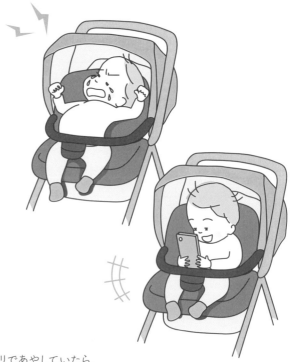

どうしたらいいの?

電車でぐずる時、スマホを渡すとピタッと静かになることが多いですね。この便利な道具をいつ、どんなふうに、どのくらい利用するか、親がコントロールできるのは、ほんのわずかな期間です。この魅力的な道具は少し油断すると、すぐに大人も子どもも振り回されます。スマホとの出会いをできるだけ遅らせながら、必要な時には便利に利用してください。

先輩ママはどうしてた?

・泣かれるたびにスマホのアプリであやしていたら、
　泣いたらスマホじゃなきゃ満足してくれなくなって、大変なことに。これはまずいと思って、
　数ヵ月かけて〝断スマホ〞しました。
・ポリシーってわけでもないけれど、強く欲しがることもなかったので、うちはずっとゲームも
　スマホもなし。友だちもたくさんいるので、まあ、いいかなと思います。

スマホやYouTubeの影響、受けすぎ?

最近の子どもには、YouTube がとても人気。YouTube ばかり見せていたら、子どもが YouTuber のように話すようになった、という声も耳にするほどです。新しいこと、おもしろいことに子どもは敏感ですね。身近な生活にもおもしろいこと、魅力的なこと、真似したいことがたくさんあります。刺激的なことやイベント的なことを用意しなくても、子どもは大人と過ごすことが大好きです。一緒にお散歩にでも行ってみませんか?

家にいるとゲームばかり。どうしたらいいの?

テレビもスマホもゲームも、一度出会ってしまい困った習慣がついてからでは、制限が難しいものです。時間を決めるなど、どうしたらいいか、子どもと一緒に考えて工夫をしてみましょう。これからの時代、ずっとつき合っていく道具です。一緒に工夫することが、子どもたちが自分でスマホやゲームとのつき合い方をコントロールする時にも役立つでしょう。大人は約束を守れたか管理するのではなく、子どもが自分で管理しやすいように手伝いましょう。

「とっても弱虫。怖がりで困ります」

「それは長所です」
安心できる物事に対する、本人の感覚を尊重しましょう。

人間の性格や個性はそれぞれです。世の中には、おとなしい人や活発な人、いろいろな人がいて、それぞれのよさがあることを私たちは知っています。けれども、わが子のこととなると「人見知りで困るのではないか」「損をするのではないか」と先回りして心配になってしまうものです。もっと積極的になったらいいのに、とやきもきすることもあるでしょう。でも、子どもにとっては自分の性格を親に短所として言われることがいちばんつらいもの。何かができないことよりも、それを親が悲しんだり怒ったりすることがつらいのです。子どもの様子を見てみましょう。慎重なのはよいことです。安心できる場所、安心できるペースに対する本人の感覚を尊重しましょう。

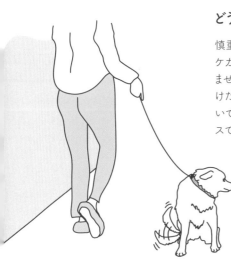

どうしたらいいの?

慎重なことはよいことです。この先、ケガや事故の少ない人生かもしれません。無理やり怖いものに近づけたり、弱虫だとからかったりしないであげてくださいね。自分のペースで自分の世界を広げていきます。

ワンワンこわい〜

先輩ママはどうしてた?
・昔はあんなに引っ込み思案だったのに、いまは信じられないくらい積極的です。
・ほんのわずかな段差も、後ろ向きハイハイでおりるほど、超慎重だった長男。
　中学生になったいまもその片鱗はありますが、
　慎重なぶん、自分ができると納得するまで頑張れる子になった気がします。

新しい場所にどんどん入っていってほしいのに……

新しい場所が怖いのは当然です。特に、人見知りのお子さんには安心できる場所がより必要です（68ページ）。安心できる日常の中で、自分のペースで新しいことに出会っていきます。安心できる場所では力を発揮するでしょう。安心できない場所は時間をかけて、安心できる場所となっていくでしょう。すぐには飛び込めないけれど、踏み出した一歩は着実で、深いつながりを持っていくでしょう。

どうしてこんなに怖がりなの？

感受性や想像力が豊かな子は、家の中にもたくさん「怖い場所」があるのです。トイレ、ついていってあげましょう。気がすむまで。大人になるまでついてきて、という子はいないでしょう。お父さん、お母さんが手が離せない時は、ちょっと待ってもらうか、お兄ちゃん、お姉ちゃんについていってもらいましょう。

トイレついてきて

「落ち着きがなく、飽きっぽいです」

「子どもは好奇心旺盛。エネルギーに満ちているのです」
まずは、子どもの様子をよく見てみましょう。

幼い子はじっとしていないものです。大人の基準で見て心配する必要はありません。みんなが座っているのに、わが子だけが立ち歩く場面もあるでしょう。そんな時は、子どもの様子を見てみましょう。ずっと立ち歩いていますか？　時々戻りますか？　自分から戻るでしょうか？　声をかけられると戻るでしょうか？　みんなの様子をたまに見ますか？　まったく関心がない様子ですか？　目的があるでしょうか？　なくてふらふらしているでしょうか？　よく観察すると、わが子だけ作業が早く終わって立ち歩いていた、思っていたよりも長く座っていたなどの発見があるかもしれません。心配な時は専門家に相談してみるのもいいでしょう。

どうしたらいいの？

怒って無理やり座らせるのではなく、様子を見ましょう。立ち歩いて一段落区切りのよさそうなところで声をかけると戻ることが多いです。落ち着く席、集中して参加しやすい活動があるかもしれません。大人でも、少し体を動かして一回りしてくると、仕事がはかどるなんてことがありますね。どんなふうにすると過ごしやすいのか、先生とも相談できるといいですね。

先輩ママはどうしてた？

・じっとしていられない子だったけど、保育園の先生がいい方たちで、
　温かく見守ってくれました。いまは小学生ですが、ちゃんと授業を受けられていますよ。
・買ったおもちゃはすぐにほったらかし。でも、ペットボトルとかではいつまでも
　遊んでいたから、ああいうおもちゃは飽きられる運命だったのかも。

この前あげたおもちゃ、もう飽きてる!

おもちゃは、積み木、ブロック、粘土など、いろいろなものに形を変えられるタイプのものがおすすめです。あるいは、お絵描きや工作もいいでしょう。新しいおもちゃを欲しがり、すぐに飽きてしまう子どもは遊ぶエネルギーの旺盛な子が多いように感じます。早くに集団生活に入れたり、外遊びの時間を増やすようにしてはどうでしょうか。

次から次へと
おしゃべりが止まらない。
大丈夫??

次から次へと忙しいですね。はたから見るとかわいらしくて仕方のない姿ですが、ずっと相手をする親御さんは大変ですね。たまに質問するのはどうでしょうか。お話にまとまりが出てきます。大人の話も聞いてもらいましょう。おしゃべりさんが、聞くこともでき、やりとりができると、お話し上手、伝え上手になります。

「〈イヤイヤ期〉、とにかく大変です」

「自我が拡大する大事な時期」
〈自分〉を大きく豊かにしたいのです。

「イヤ!」「ダメ!」と一日のうちに何度も大ブレーキがかかり、大人がくたくたになる「イヤイヤ期」。おもちゃを全部ひとり占めにしたり、時には、あるまじき暴君ぶりを発揮したり……。こんなわがままは厳しくしつけなければいけない、と無理やりに押さえつけることもできます。しかし、怒られるからやらない、他の人のいるところでは自分の思いを抑える、そういうことを教えるだけで十分でしょうか?　自我の拡大と呼ばれるこの時期は、「自分」を「もっともっと」と欲張りに大きく豊かに太らせる時期です。周囲と協調しながらも自分の思いを大切にできる、そんな大人になるために必要な時期なのです。

バイパスを示す

発達心理学者の田中昌人は、「自我の拡大」の後に「自我の充実」が来るので、拡大した自我を押し込めるのではなく、大人が胸を貸しバイパスを示すことが重要であると述べています*。「バイパスを示す」とは一本道でぶつからない、同じ土俵でたたかわないこと。全部自分のものかどうか、に焦点をあてないことです。「そう、じゃあ、こっち貸してくれる?」と別のものに視点を変えるのはどうでしょう。

＊田中昌人著『子どもの発達と健康教育②』(かもがわ出版、1988年)

先輩ママはどうしてた?

・いいことなのかはわかりませんが、お気に入りのお菓子を入れた袋をいつも持ち歩いていました。どうしても言うことを聞かなくて困った時は……、魔法のグミです!

・イヤイヤ期、そういえば、いつの間にか終わってました。
　渦中にいる時は永遠に思えたのに……。終わらないイヤイヤはない、ということですね!

じゃあ、からあげもひとついいよ！

これくれる？

好物のからあげ、全部ひとり占めにしてるけど……

これも、「バイパスを示す」ことが解決のヒントです。他のおかずなら差し出せるのか、聞いてみましょう。その時のコツは、子どもが「いいよ」と言ってくれそうなものを選ぶことです。新たな火種になりそうな子どもがくれそうにないようなものではだめです。くれたら、「ありがとう、うれしい」と子どもに伝えましょう。「全部わたしの！」と頑張っていた子が、相手に渡し喜ばれる体験をし、次の段階へと成長していく助けとなります。

やりたかったのはわかるけど……

バスに乗ったらボタンを押そう、と楽しみにしていたのでしょう。以前経験したことを覚えていて、こうしよう、ああしようと自分の「つもり」を持つようになります。主体的に物事にかかわろうとする姿です。ところが、その、自分の「つもり」と現実がずれてしまうと、大変、すべて台無しの気持ちになってしまいます。一時のことです。違う遊びに誘ったり、気持ちを立て直すまでしばらく待ってあげてください。

「イヤイヤ期」を乗り越える

「イヤイヤ期」って何？

　２歳前後くらい（１歳半〜３歳）になると何でも「イヤ」と言ったり、かんしゃくが強く、手におえないと感じる時期があります。親からすれば大変な時期です。こちらが、「もうイヤ!」と言いたくなります。個人差も大きく、かなりひどいイヤイヤの子もいれば、あまり目立たない子もいます。「反抗期」とも言われますが、別に反抗しているわけではありません。親である自分に批判的な感情を向けられているようで、育て方のせいなのか、と思ってしまいがちなのですが、そうではないのです。「イヤイヤ期」は、何でも自分で「やってみたい」という自我が育ってくる時期の特徴でもあるのです。ただ、この時期は、自分でやろうという意欲が育っている反面、思ったように手先や体をコントロールすることがうまくいかないことも多いのです。また、自分の思いを上手に言葉で表現できないことも少なくありません。だから、とてもイライラするのです。最近の脳科学では、この時期の子どもは感情などをコントロールする前頭前野がまだ発達途中なので、気持ちの抑制が難しいのは当たり前のこととも言われているのです。逆に言えば、イヤイヤの感情を出しながら、自己主張や気持ちのコントロールの仕方の学習をしているとも言えます。

　そのように捉えると、「イヤイヤ期」は決してマイナスではないのです。

イヤイヤ期をどう乗り越える？

　そうは言っても、親としては泣き叫ぶわが子を前にどうかかわってよいか、なかなか難しく、悩ましいですよね。イヤイヤ期へのかかわりとして、次の4つのポイントが参考になるかもしれません。これまで述べてきた、「しつけない」しつけの方法と共通しますね。

❶ 嫌な気持ちに共感する

イヤイヤは怒っても解決しません。かえって、大変なことになります。まずは、その子が嫌な気持ちに共感してみましょう。ギュッと抱きしめて「いやだったよねぇ」などと声をかけることで、落ち着くこともあります。

❷ 気持ちを切り替えることができるような 提案や選択肢を出してみる

「お外に行って、ワンワン見る?」など、気持ちが楽しくなるような提案をしてみましょう。「これとこれがあるけど、どれかやってみる?」など、選択肢を出してみるのもいいですね。

❸ イヤイヤが起こるような状況をできるだけ作らない

お出かけの時など、余裕のない状態で「早くしなさい」とせかさないようにすること。いつも、「これ欲しい」と言ってごねるような場所には近づかないなど、イヤイヤが起こるような状況を作らない努力も大切。

❹ 嵐が過ぎるのを待つ

それでも、難しければ、嵐が過ぎるのを待つしかありません。それも大切な方法です。子ども自身が、時間をかけて気持ちをコントロールするでしょう。静かな場所に移動してから、待つのもいいかもしれませんね。時には、親自身が感情的になってしまうこともあるでしょう。イヤイヤしている子どもをしばらく放置しておくのは、親としても罪悪感を持つかもしれません。でも、そんな自分をあまり責める必要はありません。親は毎日、十分頑張っているのですから。子育てをしていれば、誰もが、そんなものです。もし、感情的になりすぎてしまった場合、「さっきは、ごめんね」と言って、抱きしめてあげましょう。それでも、十分伝わります。この時期は親自身のイライラにもつながらないよう、ご自身のリフレッシュの時間もしっかりとってくださいね。

困りごと7 「自分でやろうとしません」

「手伝ってあげましょう」
まず観察、そして工夫です。

本当はできるのに、布団の上で「着替えさせて〜」とごろごろしている。子どもの行動は怒る前にまず観察です。不器用? 着替えるのが苦手? 疲れている? 生活の中に、次の活動に楽しみが持てない? 生活リズムの乱れ? 苦手意識? 他の所で頑張りすぎ? ——、何らかの理由があるのです。工夫できることはないでしょうか。少し手伝ってあげてはどうでしょう。気をつけなければいけないのは大人のほうが手を出すのが癖になってしまい、頼まれてもいないのに、いろいろと手を貸してしまうことです。

歩きたくない　抱っこして

子どもの歩幅は狭いです。大人が一歩歩く時、何歩歩いているか。抱っこも致し方ないと思います。少しでも長く歩いてもらうための工夫、みなさんとても上手ですね。小さく区切ってあそこまで歩いたら抱っこね、歌いながら歩く、「あ、ワンワンいたね」と楽しみを見つけながら歩く、自分の小さなかばんを持って歩く、ドングリを拾いながら歩く……。

だっこ〜

先輩ママはどうしてた?

・荷物がいっぱいでどうしても無理! っていう時以外は、もう黙って抱っこ。いつも抱っこ。あんなに抱っこ魔だったのに、小学校に入ったら、ピタッと言わなくなりましたよ〜。
・「よ〜いドン!」と言って、突然、かけっこを始める。するとあら不思議! 歩けなかった子がピャーッと走っていった。なんてことが何回かありました。

困りごと8 「お友だちの真似ばかりします」

「真似は成長への第一歩」
あんな自分になりたいという試行錯誤です。

生き生きと楽しそうに絵を描く子の隣で、真似ばかりする……。心配になる気持ちもよくわかります。でも、まずはわが子をよく観察してみてください。楽しそうに真似をしていますか？もし満足そうに真似をしているなら、上手な絵を真似して楽しいのかもしれません。「もっとうまくなりたい」という気持ちから、絵の上手な子や大人の真似をする時期もあります。こんな自分になりたい、あんな自分になりたいと試行錯誤しているのです。大きくなろう、成長しようとする気持ちの表れ。しっかり前を向いているのです。

どうしたらいいの？

楽しく真似をしているなら、温かく見守って、楽しく描けたことをほめてあげましょう。楽しくなさそうなら、描くこと自体が嫌なのかもしれません。粘土ならどうでしょう？　折り紙なら？　フィンガーペインティングなら？　いろいろと試してみるといいでしょう。

先輩ママはどうしてた？
・「プロの画家も、はじめはみんなたくさん真似してうまくなるんだよ！」って教えてあげたら、納得した様子でした！
・ついつい「自分で考えて描いてごらんよ」なんて、注意してしまって、反省。

「男（女）の子らしくありません」

「〈らしさ〉の押しつけはやめましょう」
まずは、「自分らしさ」を育んでみましょう。

赤と黒しかなかったランドセルもカラフルになってきました。「男らしい」「女らしい」の考え方は以前より柔軟になってきたようにも見えます。でも実のところ根本的なことは何も変わっていないのではないかと思います。我々の中にある「男らしい」「女らしい」という観念はかなり強固で根深く、さまざまな場面で顔を出してきます。プレゼントを選ぶ時、習いごとを決める時、洋服を買う時、声かけひとつでも（「かわいい」と言うか「かっこいい」と言うか）男女の性差を思わず考えてしまわないでしょうか。「男らしい」「女らしい」の前にまず、「自分らしい」「この子らしい」を育んでみませんか。個性を大切にされた時、周囲の役割規範からも主体的に多くを学び、取り入れていくでしょう。

どうしたらいいの？

体を動かすのが好きで活発な子なのでしょうか、想像力が豊かで変身願望があるのでしょうか、あるいは正義感が強いのかもしれませんね。「へーんしん」は元気がもらえる姿です。温かく見守っていきましょう。

先輩ママはどうしてた？

・うちの子は女の子だけど、物心ついた時（2歳くらい）から、服はパンツに至るまで男物。
　スポーツは野球一筋、友だちも男の子だけ。でも、それで本人楽しそうなので
　何も言ったことはなし。いまは小学校高学年、相変わらずボーイッシュです。
・好きなアイドル歌手の真似をして歌ったり、踊ったり……。
　スポーツは嫌いで、そんなことばかりが好きな長男。ちょっと心配になったりもしますが、
　優しいいい子ですし、本人の意思を尊重しています。

ひらひら〜

ヒント
「らしさ」って何？

「男らしい」「女らしい」という性役割以外にも我々は多くの役割意識に囲まれています。外から要請されたり、自分自身で意識していたりします。「優しいお母さん」「頼りになるお父さん」「信頼できる先生」「無邪気な子ども」のようなイメージを持ち、自分や相手にそれを望み、時としてその役割に縛られて苦しく感じたことはないでしょうか。そこから自由になれば、大人も楽になるのではないでしょうか。

ヒント
自分ってどんな子？

動物はすべて「ワンワン」だった1歳児が、3歳にもなると「ワンワン」にはいろんな仲間のいること、分類がわかるようになったり、自分のことを「ぼく」「わたし」と言うようになります。自分も「○○ちゃん」という自分からの見方だけではなく、周囲の人との関係の中で一人称で考えることができるようになります。自分は「お母さんの子ども」で、「お兄ちゃんと同じ男」で、「いとこの○○ちゃんより大きくて」などです。また、ヒーローになったりダンサーになったり「自分」を試しながら、自分と周囲について学んでいるのです。

「どこまで子どもにつき合えばいいの?」

「無理につき合うことはありません」
嫌なら少しもつき合わなくても大丈夫です。

本当はつまらないと思いながらつき合うのは、かえって子どもに失礼なくらいです。幼いようでも、子どものほうでもつき合ってくれていることもあります。無理をすることはありません。でも、何がそんなにおもしろいんだろうと大人の視点から考えてみることも楽しいものです。子どもにつき合っているうちに電車博士、昆虫博士になったお母さんはたくさんいます。子どもを通して、自分の子ども時代には出会わなかった新しい世界の魅力に気がつくこともあるのです。そんな時、子どもは大人の先達です。

それで
エルサがね

どうしたらいいの?

子どものほうもそろそろ話し疲れてきたかもしれません。「そろそろごはんの支度をするから、また聞かせてね」なんて言うと、子どもは子どもですぐに別の遊びを始めるかもしれません。それでも、子どもが話したくてたまらない時は、5分とか時間を決めてしっかり聞くのはどうでしょう。お風呂に入る前や園からの帰り道など、いつも決まった時間が確保できるといいですね。集中して相手をすると、子どもの満足感も高いものです。

先輩ママはどうしてた?

・次女は超おしゃべり。ずっと聞いてたら何もできないので、家事をしながら聞いていました。
・子どもの話し相手はいつもおばあちゃん。時間はあるし、根気もあるし。
　会えない時は、電話して相手をしてもらいました。

たまの休日。戦いごっこが終わらない……

終わらない遊び、大変ですね。ここは 98 ページで紹介した「バイパスを示す」のがよいでしょう。他の遊びを提案するとか、おやつに誘ってもいいかもしれません。どうしても戦いごっこにこだわるのならば、「家に帰って、新聞紙で武器を作ろうか?」という誘いなら、ひとまず、家に帰ることはできるかもしれません。お布団を丸めて戦いの相手を作ったり、親自身のやりたい遊びに誘ってみるのもいいですね。

電車の前で、かれこれ2時間……

駅の近くで見かけては、微笑ましく思う光景です。でも、当事者のお父さん、お母さんにしたら本当に大変なことでしょう。あの手、この手で気分を変えるしかありません。「おうちに帰って〇〇しようか」「〇時までで終わりにしよう」「〇〇ちゃん号も発車しまーす。出発進行って言ってくださーい」……。

困りごと11 「働くママで大丈夫?」

「もちろん大丈夫です」
共働きの家にも、そうでない家にもそれぞれのよさがあります。

カナダの家族支援プログラム「ノーバディズ・パーフェクト」は、その名の通りどの家族も完璧ではないとしています。よその家と比べて足りないところを心配するよりも、わが家のできている部分をみましょう。共働きの家では保育園を利用すると思います。核家族が多く、多様な人とのかかわりや子ども集団での経験が少ない現代、最高の子育て環境と言えるでしょう。子どものための生活時間、環境、活動が用意されています。保育の専門家が共に子育てをするパートナーともなってくれます。さらに毎日お迎えが来て家に帰る体験をします。「預けられる」のではなく、「自分のために用意された子ども中心の場所に行き」、自分の家に帰るのです。はじめは泣くかもしれませんが、毎日必ずお迎えに来てもらう体験を積み重ねます。

どうしたらいいの?

子どもを持つと、みんなが子どものためを思って、いろいろなことを言います。悪気があるわけではないのです。おおらかな心で受け止めるのは難しいかもしれませんが、それぞれが「子どものため」を思っていることは事実。人格を否定することなく、ゆるやかに放っておきましょう。仕事を続けるか否かは、人生の一大事です。誰の意見でもなく、自分の意思で決めていいのです。

先輩ママはどうしてた?

・育休も取れない状況で、子どもが4ヵ月から保育園に預けて働きました。
　子どもはかわいい盛りで号泣するし、おっぱいは張るし……。
　本当、後ろ髪引かれるとはこのことで、何度も泣いて、あきらめかけました。
　でも、子どもが小学校に上がったいま、仕事を続けてて本当によかったと心から思います。
・専業ママを見ては、これでいいのかと何度自問したことか……。
　でも、ないものねだりしても仕方ない! 仕事を辞めるという選択肢はなかったので、
　一緒にいる時間をめいっぱいかわいがって乗り切りました。

働くママは不安がいっぱい。
どうしたらいいの??

入園前におっぱい
やめなきゃダメ?

昔は入園前に断乳をすすめられることもあったようですが、いまは違います。そのために労働基準法でも、生後1年未満の子を育てる女性は、一日2回各30分の「育児時間」を請求できることが定められています。どの保育所でも、母親が授乳を続けられるように全面的に協力してくれるはずです。冷凍母乳を持たせてもいいですし、面倒なら、保育園ではミルク、家では母乳にしてもいいですね。どんな方法にしても、子どもはいずれ、慣れてくれるものです。

何もしない夫にイライラする!

男女雇用機会均等法が施行されてから、30年以上が経ち、世の中はだいぶ変わりました。保育園の送り迎えをするお父さんも増えましたし、夫婦で揃って育児休業を取得することも珍しくはなくなりました。それでもいまなお、「子育ては母親の仕事」という考えは根深く生きているように思います。とにかく、変わっていってもらいましょう。ひとりで子育てはできないのですから。

小学校入学前

小学校は大きく変わりつつあるって知ってました?

　小学校入学を考えると、もっと子どもに早くからさまざまな準備をさせなければいけないのではないかと焦るものです。特に、これからは小学校でも英語教育、プログラミング教育、パソコンが一人1台の時代などとも言われます。また、小学校1年生から45分座れるようにしなければいけないのではないか、また給食は残さず時間内に食べられるようにしなければならないのではないかなど、心配は後を絶ちません。

　でも、小学校などの学校教育は、親の世代とは大きく変わり始めているのです。それは、子どもの主体性を大事にする教育への転換です。特に、小学校1年生の4月は、どの学校でもスタートカリキュラムから始まります。スタートカリキュラムでは、保育所や認定こども園、幼稚園などでの遊びを通した学びを受けてスタートします。そのため、45分間座って教師の話を一方的に聞くことから始まるのではなく、子どもの好きな遊びや、生活科を中心とした教科横断のカリキュラムなどで行われます。給食なども昔と違ってアレルギーの子どもがいるなど、個々のペースなどへの配慮も行われるようになっています。つまり、個々の主体性を重視する教育（アクティブラーニング）の時代へと変わりつつあるのです。

　早くから文字の読み書きや英語などの勉強をしたとしても、低学年の段階で早くから覚えてきた子とそうでない子では、成長の途中で同じになってしまうという研究もあります。ですから、いまは、目に見える能力だけを先取りすることよりも、子どもの主体性などの、あと伸びする非認知能力を大事にすることが重要だと言われているのです。

入学前に大切なこと

楽しみに待ち望むこと

　子どもたちは本来、小学校入学を楽しみに感じているものです。ただ、大人が「あれもこれもできないと小学校に入って困る」というメッセージを伝えると、子どもは不安が大きくなり、期待が持てなくなります。「学校は楽しい」場所であると伝えること。そのためにも、親があまり不安感を持たないことが重要です。親の不安感が子どもに伝わります。不安がある方は、早めに園や学校に相談しましょう。入学前は、学校までの道のりを親子で一緒に歩いたり、ランドセルなどの準備をしたりなど、ワクワクする気持ちを大切にしたいものです。園からの友だちが同じ小学校にならない場合も多いでしょう。でも、多くの子どもはあっという間に新しい友だちを作るものです。親が心配になることも多いですが、子どもの力を信じ、「新しい友だちができて楽しみだね」というくらいの気持ちでよいかもしれません。

生活リズムと習慣を

　生活のリズムは大切になります。年長組くらいになったら、少し意識して、無理なく早寝早起きの習慣はつけたいものです。寝る前に持ち物や着替えすべて準備しておく習慣をつけると、朝、バタバタして焦らずにすむと思います。トイレなども学校を見学した時に見ておけると安心です。食事の好き嫌いなど、生活の中で苦手なことがある場合、子どもが意欲的に頑張ろうとする気持ちがあるのであればよいですが、無理をしすぎないほうがよいでしょう。心配なことは、学校に相談するとよいと思います。勉強の習慣は特になくてもよいと思いますが、年長組くらいになったら、15分くらい好きな絵本や児童書を読んだり、絵を描くなどリビングのテーブルなどでじっくり座って、何か自分の好きなことに取り組む習慣をつけてもよいかもしれません。

「比べると不安になります」

「周囲に合わせる必要はありません」
いつでも、自分がよいと思う新しいやり方を試してみればいいのです。

子育ては、比べると不安になることばかりです。「絶対にお菓子をあげないと決めてきたけれど……」「テレビを見せていないのはうちだけ……」など、よかれと思って一生懸命にやってきたけれど違ったのかも、と思う時、落ち込みますよね。ノーバディズ・パーフェクト・プログラム* では誰も完璧ではなく「私たちにできるのは最善をつくすことだけ」で、親も子も「何度も挑戦することで、新しいことを学んでいく」と考えています。その時々で精一杯やったのだ、とやってきたことを肯定してください。子どもは成長し、状況も変化します。違ったと思えば、また新しい方法を模索して、試してみればよいのです。

* NPO法人 子ども家庭リソースセンター編『ノーバディズ・パーフェクト　シリーズ①〜⑤』（ドメス出版、2002年）

どうしたらいいの？

親と子は別の人間です。似ている部分もありますが、まったく違う時代、環境の中で育っています。幼い子どもは、友だちとうまく遊べないものです。すべて自分の責任と考えなくてよいのです。社交的でない方は、落ち着いていて、安らぎを感じさせる方かもしれません。少ない人数でじっくりかかわったり、あるいは趣味の世界が豊かな方かもしれません。きっと、子どもに多くのよい影響を与えています。

私が社交的じゃないから、この子も……

先輩ママはどうしてた？

・比べちゃダメ、っていうのは頭ではわかっていても、なかなか難しい……。
　おまじないのようですが、携帯に生まれた日の写真を入れて、
　時々見返しています。見ると、「この子はこの子」という気持ちが新たになります。
・話を聞いてみると、どんなに完璧に見えるママもみんな悩んでる。
　だから、とにかく、自分の子にとって何が正解か、日々、試行錯誤です！

ネットの情報、見れば見るほど不安になってくる……

情報があふれている時代です。調べようと思うといくらでも答えを手に入れることができます。でもそんな時、本やネットを見つめ子ども自身を見ていないことが多いものです。小さな小さな赤ちゃんですが、個性を持ち、さらに人類の長い進化の歴史を引き継ぎ、教えてもいないのに寝返りを練習したり手を使い道具を使用するようになる、発達の教科書以上の存在です。わが子をしっかり見て、わが家に役に立ちそうなことだけ本やネットから取り入れればいいのです。

うちは8時に絶対寝かせる

好き嫌いがあると学校で困るよ

挨拶は大事よね

ママ友とのおしゃべり、楽しいけど、時々不安の種に

周囲との会話も、本やネットと同様にそちらばかりを気にして、子ども自身が見えなくなってしまってはもったいないことです。子どもも親も、一人ひとりまったく異なった個性を持つ人間です。「好き嫌いをなくす」と親が決めたとしても、うまくいかないことも多いものです。わが子を見て、使えそうな情報だけ試してみるといいのです。

「幸せ」な子育てになるために

あらためて、「しつけない」しつけとは

ここまで、「しつけない」しつけについて述べてきました。あらためてここで、ポイントを整理してみましょう。

● 幼児期の「しつけ」を、集団の規範、規律や礼儀作法など慣習に合った立ち振る舞いができるようにすることをそのまま当てはめてしまうのには無理がある。

● 体罰を用いたしつけは、脳の発達への悪影響があるほか、しつけとしても逆効果で不適切。

● 「強制型」のしつけよりも、子どもとの対話やふれあいを大事にする「共有型」のしつけのほうが望ましい。

● 「しつけない」しつけとして、①共感する、②待つ・見守る、③選択肢や見通しを示す、④メッセージで示す、などの方法がある。

● 自分の気持ちをコントロールする実行機能を育てるためには、子ども自身が自分で解決することを尊重し、最低限の支援をするかかわり方（「支援的な子育て」）が効果的。また、家庭のゆるやかなルールなどの管理も必要。

● いつでも安心してくっつけるような、親との温かい「信頼関係の形成（アタッチメント）」が心や社会性の育ちの基盤になる。

● 「共感的なかかわり」が、自分のことが好き、自分は大切な存在と思える自己肯定感の育ちにつながる。

● 子どもを能力やスキルから見るのではなく、個性を持った「人間として見る」ことが「しつけない」しつけでは大切。

毎日の子育ての大変さの中で

おそらく、ここまでお読みいただいた方には、十分にご理解いただけたので

はないかと思います。しかし、理解できたからといってうまくいくというわけではないですよね。

　筆者は親御さんたちの話を聞く機会がありますが、あるお母さんは、子育ての毎日は、「おもちゃの電車に針がついていて、1周回る間に戻ってこなければ風船が割れてしまうゲームをしているようだ」と言っていました。もちろん1周回る間には別のノルマをこなさなければいけないのです。複数のことを同時に行い、気の休まる時がなく、しかも風船が割れてしまったり積み上げてきたものが崩れてしまったり、さらにはたとえ今日無事に過ぎたとしてもまた明日、同じような一日が来るのです。「また朝か、と朝起きた時に思う」「忙しいと言っている暇はない、疲れたと言っている元気はない」と話してくれたお母さんもいました。

　そのような中で、子どもの将来も親のしつけにかかっていると言わんばかりの情報にあふれています。そこに、「しつけストレス」も生まれるのです。しつけの相談をお受けする中で、「つい、イライラして、手をあげてしまいたくなることがあります。どうしたらよいですか」という方も少なくありません。もしかすると、そうした方に必要なのは、「正しい」しつけの方法ではなく、子どもを誰かに見てもらって、少しゆっくり休む時間なのかもしれません。また、日々の大変さを理解してくれる誰かの存在でもあるでしょう。なかなかそれが難しい状況なのかもしれません。それは、親自身の問題ではなく、社会の問題でもあるのです。

　地域には、さまざまな子育てに関する相談ができる場がたくさんあります。ぜひ、そうした場も活用してください。

イライラのコントロール法

　また、日々のイライラを解消するための方法として、「アンガーマネージメント」などの怒りの感情のコントロール法も、とても話題です。自分自身に合った解消法があるとよいかもしれません。以前、あるところで「私のイライラ解消法」を紹介し合う場がありましたが、そこでみなさんがやってみたいともっとも話題になったアイデアが、熱が出た時におでこに貼る冷却シートを用いたものでした。それ

は、イライラが高まってきたら、冷蔵庫の冷却シートを取り出し、自分のおでこに貼るだけ、というものです（笑）。やってみた方から、「気持ちの切り替えになった」という声もありました。もちろん、その効果には個人差があるでしょう。あくまでも、あるお母さんのアイデアです。

アンガーマネージメントでは、「6秒ルール」というものがあります。人の怒りの感情のピークは6秒というもので、それを乗り越える工夫が大切というものです。この冷却シートを用いた方法も、人によっては6秒を乗り越える方法になるかもしれません。どちらにしても、自分に合った、感情をぶつけない、あるいは感情を収める方法があってもいいのかもしれません。トイレに入る、音楽をヘッドフォンで聴く、別の部屋に移動するなどがあるでしょうか。

もちろん、毎日の子育ての大変さの中で、怒ったり、泣いたりなど、怒りの感情を出せることも大切なことです。ただ、それを子どもに直接ぶつけないために、自分の怒りの感情を紙に書き出してみるという方法もあります。そもそも、何にイライラしているかわからないことも多いでしょう。自分がいま苛立っていることを思いのまま、箇条書きにでもしてみると、何にイライラしているのか、客観的に見えてくることもあります。自分に合った、イライラ解消法を見つけてみてください。

子育てに正解はない

子育てが難しい時代であること、親にのみその負担がかかっている現状であることは第1部でもふれました。それに加えて普遍的にいつの時代も子育ては難しいものだとも言えるでしょう。その要因のひとつが正解がないことです。正解のない選択をする時に不安はつきものです。正解が決まっていたら、そこに合わせるのは大変ではありますが、悩みや不安はありません。悩んだり不安に思うのはつらいことなので、正しいと思える「しつけ」の方針にすがりたくなってしまうのです。

でも、子育てに限らず、生活や人生にかかわる選択には、正解がないものです。「この人と結婚しようか」「どの学校に行こうか」「どんな仕事に就こうか」誰し

も悩んだことがあるのではないでしょうか。何が正解だったか、簡単に言い切れるでしょうか。認知能力だけでは判断できない、あるいは計算しきれない、白黒つけることができない不確定な世界に人間は生きていて、未来のことは誰にもわかりません。こうしたほうがいいと頭でわかっていても、別の行動をしてしまうこともあります。ですから、認知能力と同時に非認知能力の両方が必要なのです。「こうします」と決めてしまえば楽です。周りと同じくしていれば、とやかく言われることもありません。でも、そんな時は、わが家の「しつけの方針」ばかりを見つめ、周囲に合わせ、頼りになる人や本を信じて、子ども自身を見ていないことも多いものです。

　子どもも親も、一人ひとりまったく異なった個性を持つ人間です。お隣の家のように、あるいは本に書いてあるように正しいしつけをしようと親が決心したことで、子どもがとてもつらい思いをすることもあります。わが子のことについて、すべて親が自分で考えなければいけないのは、とても大変なことです。子どもは常に変化するので、常に考え続けなければならず、それが本当に合っているのかどうかもわかりません。だから、不安なのは当然なのです。

　不安な状態はつらいことです。でも、自分のことを見てくれ、対応してくれる親がいることは、まさに子ども自身の非認知能力（社会情動的スキル）を伸ばす、最高の子育てとなるでしょう。すべてにおいて、共通の正解はありません。せっかく出会えたあなたとあなたの子どもです。どうぞ他との比較ではなく、わが家流の子育てを楽しんでください。

わが家流子育てを楽しむために

　では、どうすればわが家流を楽しめるでしょうか。

　カナダの家族支援プログラム、「ノーバディズ・パーフェクト」では親自身の自己肯定感が重要であると考えています。「多くの親は」自己肯定感を持つことが難しく、「"ああするんじゃなかった"とか "こうしておけばよかった"などと考えがち」で、「人が皆、自分より賢く、幸せで、よい親であるように思えてしまう」*1

のだといいます。カナダのお母さんもそんなふうに思うのですね。子どものために少しでもよいことをしたい、自分の決断に子どもの将来がかかっている、といつも重い責任を負っているからでしょう。でも、完璧でいる必要はありません。

　第1部でウィニコットの「ほどよい母親（good enough mother）」*2という考え方を紹介しましたが、これは「完璧じゃなくてもいいよ」という妥協のメッセージではありません。完璧であってはいけないのです。完璧な機械のようなお母さんではなく、失敗したり、イライラしたり、笑ったり、怒ったりしながらも、自分と一緒に居続けてくれる人間的なお母さんが、子どもにとって必要なのです。

　誰の人生も完璧ではなく、これから先の子どもたちの人生にも失敗や挫折があります。そんな時、失敗したからといって終わりじゃない、一休みしてまた頑張ろうか、と思うことができる力は、変わらずそばにいて、自身も失敗することのある親が「全部はできなかったけれど、結構頑張ったね」「壊れちゃったけれど、一緒にやって楽しかった」などと言いながら子どもと一緒の生活を楽しんでくれる中で育まれます。あなたがあなたらしくいてくれることが、子どもたちの非認知能力を育むでしょう。

　本書が、読者のみなさんお一人お一人と、お子さんとご家族の「幸せ」のために少しでもお役に立つことをお祈りして、この稿を閉じたいと思います。お読みいただき、ありがとうございました。

2021年7月
大豆生田啓友・大豆生田千夏

*1　NPO法人 子ども家庭リソースセンター編『ノーバディズ・パーフェクト』⑤「親」（ドメス出版、2002年）
*2　D.W.ウィニコット著、牛島定信訳『情緒発達の精神分析理論』（岩崎学術出版社、1977年）、D.W.ウィニコット著、猪股丈二訳『子どもと家族とまわりの世界（下）　子どもはなぜあそぶの』（星和書店、1986年）

おすすめの本

●小西貴士 『子どもと森へ出かけてみれば』 フレーベル館

　森で過ごす子どもの写真集です。「子どもの世界って素敵」って、思ってもらえると思います。自分の子ども時代を思い返す方もいるでしょう。「しつけ」よりも大切なことをきっと発見されることと思います。

●宮里暁美 『耳をすまして目をこらす』 赤ちゃんとママ社

　私が尊敬する保育者の一人、宮里さんのエッセイ。子どもと共にある毎日の子育てが、愛おしく思えてくるような一冊。子どもとのエピソードを通して考える、ハウトゥーではないけれど、ストンと心に落ちる本です。

●佐々木正美 『新装版「育てにくい子」と感じたときに読む本』 主婦の友社

　数ある佐々木先生の本の中で、特に「育てにくさ」を感じた時に支えになる一冊。「手のかからない子がいい子だなんてそんなのは大きなまちがいですよ」というメッセージは大きな勇気を与えてくれます。

●柴田愛子 『今日からしつけをやめてみた』 主婦の友社

　大好きな愛子さんの本。「しつけをやめてみた」ってすごいですね。しつけがいかに、親子を苦しめているか、しつけから解放されることがいかによいことかが、漫画で描かれています。本書にも通じるメッセージです。

●高祖常子 『イラストでよくわかる 感情的にならない子育て』 かんき出版

　子育てはついイライラしたり、感情的になってしまうもの。そうした親たちを対象に、感情的にならない考え方や具体的な方法について、紹介されています。最近、イライラすることが多いなと感じている方におすすめです。

●森口佑介 『自分をコントロールする力 非認知スキルの心理学』 講談社現代新書

　非認知スキルについて、特に自分をコントロールする力「実行機能」についての専門書。専門書ではありますが、わかりやすく書かれています。本書でも、参考にさせていただいていますが、最先端の研究を踏まえた良書です。

●大豆生田啓友 『子育てを元気にすることば』 エイデル研究所

　拙著で恐縮です。子育てをしていると悩んだり、落ち込んだりすることがたくさんあります。そんな時、支えになるたくさんのことばがあります。他分野の研究者、絵本や児童文学作家、保育者などの珠玉のことばを紹介しています。

［著者］

大豆生田 啓友（おおまめうだ・ひろとも）

玉川大学教育学部教授。1965年、栃木県生まれ。専門は、乳幼児教育学・子育て支援。青山学院大学大学院教育学専攻修了後、青山学院幼稚園教諭などを経て現職。日本保育学会理事、こども環境学会理事。NHK Eテレ「すくすく子育て」をはじめ、テレビ出演や講演活動など幅広く活動中。『非認知能力を育てる あそびのレシピ 0歳〜5歳児のあと伸びする力を高める』（講談社、共著）、『子育てを元気にすることば』（エイデル研究所）、『マメ先生が伝える 幸せ子育てのコツ』（赤ちゃんとママ社）ほか多数の著書がある。

大豆生田 千夏（おおまめうだ・ちか）

臨床心理士、公認心理師、精神保健福祉士。長年子育て相談に関わる。親を指導するのではなく、親自身の力を認めファシリテーションすることを第一とし、カナダで生まれた未就学児の親のための「ノーバディズ・パーフェクト（NP）プログラム」（子ども家庭リソースセンター）や「赤ちゃんと創るわたしの家族（FS）プログラム」（子どもと家族支援研究センター）を行っている。『非認知能力を育てる あそびのレシピ 0歳〜5歳児のあと伸びする力を高める』（講談社、共著）ほかの著書がある。

非認知能力を育てる 「しつけない」しつけのレシピ
0歳〜5歳児の生活習慣が身につく
こころライブラリー

2021年8月24日　第1刷発行

KODANSHA

著者　大豆生田啓友
　　　大豆生田千夏

発行者　鈴木章一
発行所　株式会社 講談社
　　　〒112-8001　東京都文京区音羽2-12-21
　　　電話　編集　03-5395-3560
　　　　　　販売　03-5395-4415
　　　　　　業務　03-5395-3615

印刷所　株式会社新藤慶昌堂
製本所　株式会社若林製本工場

装丁・ブックデザイン　島内泰弘デザイン室
イラスト　島内泰弘
編集協力　久保恵子

©Hirotomo Omameuda, Chika Omameuda 2021, Printed in Japan

定価はカバーに表示してあります。
落丁本・乱丁本は購入書店名を明記のうえ、小社業務あてにお送りください。
送料小社負担にてお取り替えいたします。なお、この本についてのお問い合わせは、
第一事業局学芸部からだところこころ編集あてにお願いいたします。
本書のコピー、スキャン、デジタル化等の無断複製は著作権法上での例外を除き禁じられています。
本書を代行業者等の第三者に依頼してスキャンやデジタル化することは、
たとえ個人や家庭内の利用でも著作権法違反です。

ISBN978-4-06-524316-9　N.D.C.376 119p 21cm